EL *SHOCK* DE OCCIDENTE

RAÚL GONZÁLEZ ZORRILLA

PRÓLOGO DE WINSTON GALT

Primera edición: Abril de 2021

Diseño y maquetación: GL MediaPrint

Edita: La Tribuna del País Vasco
www.edicioneslatribunadelpaisvasco.com
redaccion@edicioneslatribunadelpaisvasco.com

Apdo. de correos 111
20080 San Sebastián
España

ISBN: 9798726414584

A mi hijo, que un día querrá saber cómo y cuándo comenzó todo.

Y quiénes fueron los responsables.

ÍNDICE

CONTEXTO: TRES ENTREVISTAS

PRÓLOGO

Una especie en extinción

La primera vez que tuve noticias de Raúl González Zorrilla fue al conocer los números 1 y 2 de la revista *Naves en Llamas*, dedicados al que parece inevitable ocaso de Occidente y al marxismo cultural como nueva amenaza comunista. Atónito ante el hecho de que alguien de una vez se atreviera a escribir así y a decir la verdad que nos quieren ocultar, indagué en la revista y, cómo no, en la persona de su director.

Después conocí su periódico, *La Tribuna del País Vasco*[1]. Sufrí otro sobresalto al comprobar que, en ese rincón de España tan castigado por la historia reciente, que se estremece entre una sociedad enferma y una iglesia criminal por un lado y una clase política putrefacta y delincuente, hubiera un oasis de razón y libertad, y me pregunté incrédulo cómo algo así seguía en pie, pese a la adversidad.

Mi primer contacto con Raúl fue a raíz de un impertinente requerimiento mío que él tuvo la amabilidad de responder. Tuve el honor de conocerlo personalmente en esa ciudad maravillosa que es San Sebastián, cuya apariencia es la de un hermoso cuerpo corroído internamente por el cáncer del nacionalismo, y pasear por sus calles con mi particular Virgilio, el cual me señalaba bellos rincones donde la memoria de unos pocos dignos aún recuerda cómo por ellos corrió la sangre de inocentes.

---

[1] www.latribunadelpaisvasco.com

Durante ese encuentro Raúl me regaló dos de sus libros: *Terrorismo y posmodernidad* y *Territorio Bildu* y, al leerlos, constaté que estaban escritos en los años de plomo. Entonces advertí que había conocido a un hombre digno y valiente, en el más pleno y profundo de los sentidos de tales calificativos.

La dignidad de permanecer, a pesar del riesgo de las amenazas, de las coacciones, de la extorsión y del tiro en la nuca, en el lado correcto de la humanidad, de la política y de la historia. La valentía, desde el punto de vista personal, de escribir la verdad sobre el nacionalismo y sobre el terrorismo. La valentía, desde el punto de vista profesional, de escribir la verdad sobre los hechos.

No son la misma clase de valentía. Hay periodistas que son capaces de escribir sobre el terrorismo, pero no de decir la verdad. Y hay periodistas que son capaces de conocer la verdad, pero no de publicarla. Por eso, cuando ambas clases de valentía se dan en una misma persona, en un mismo periodista, es un hecho por desgracia actualmente inusual. Para comprobar la certeza de mis palabras basta echar un vistazo al estado del periodismo patrio y comprobar que la caterva de los mercenarios, de los perros de la información, es muy mayoritaria.

Son numerosos los ejemplos de periodistas dignos y admirables a lo largo de la historia, pero seguramente el caso de Carl Bernstein y Bob Woodward sea paradigmático y de los más conocidos y de los que más veces se pone de ejemplo precisamente por esos periodistas de la caterva sometida al poder. Se atrevieron a desafiar a todo un Gobierno de los EE.UU. y a desvelar las torticeras maniobras de espionaje del Partido Republicano y provocaron la caída del presidente del país más poderoso del mundo y de la historia.

Se trataba de una era en la que el periodismo gozaba de un prestigio y de una dignidad que convertía a esa profesión en refugio de adalides de la verdad y de románticos dispuestos a desvelar dicha verdad sin atender al precio que hubieran de pagar.

Lamentablemente, los tiempos han cambiado y, con ellos, la profesión periodística. Podemos estar seguros de que Bernstein y Woodward hubieran desvelado un escándalo similar de la Administración Trump, pero por desgracia no podemos estar seguros de que lo hubieran hecho si el mismo escándalo hubiera afectado a la candidatura demócrata de Biden, como de hecho ha ocurrido con todas las plataformas y periódicos no sólo de EE.UU. sino del mundo entero, ocultando durante la campaña electoral norteamericana los posibles casos de corrupción que afectan al hijo de Biden y al mismo presidente electo.

No es el caso de Raúl González Zorrilla. Es de una clase de periodista (y de persona) que podemos estar seguros de que desvelará la verdad allá donde se encuentre. Una especie en extinción.

Podrás comprobarlo cuando leas este libro. Raúl nos cuenta que Occidente se encuentra en este momento sin medios de comunicación fiables con los que alentar a la defensa de este mismo Occidente, más necesaria que nunca. Abonados al sensacionalismo barato y rendidos al discurso ideológico-político dominante, de corte socialdemócrata, los medios se alían con una multiculturalidad fracasada, pero que es el caldo de cultivo en el que *"diluir la preponderancia de los valores occidentales en beneficio de todo tipo de irracionalismos y de consignas totalitarias"*. Esa prensa que Raúl combate y denuncia *"construye un mundo paralelo, un Matrix informativo, absolutamente irreal y profundamente reaccionario en su imposición casi violenta"* que nos hace comulgar a las sociedades occidentales con ruedas de molino y que nos viene a decir que todo aquello en lo que hemos creído, o en lo que han creído nuestros padres y abuelos, no tiene el menor valor, despreciando nuestro pasado, precisamente ése que nos ha traído al más alto grado de civilización alcanzado jamás por la Humanidad. Y Raúl denuncia esa falsa democracia que nos imponen las élites, democracia en la que no caben más que sus principios y que es impuesta a los pueblos sin los pueblos.

Los artículos que leerás en este libro no son artículos de leer y olvidar, de consumo rápido y fácil. Si eres de ese tipo de lector, seguramente no son para ti. Son artículos profundos que desvelan verdades también profundas y que afectan a algo tan esencial como nuestro modo de vida, ahora en inminente peligro. En ellos descubrirás el aborrecimiento soterrado que, increíblemente, muchos de nuestros contemporáneos sienten por nuestra civilización, que es precisamente la única capaz de proporcionarles a esos destructores profesionales el sustento material y la libertad de expresión necesarias para llevar adelante su irracional odio. Y comprenderás que, lejos de sus promesas electorales, muchos de nuestros políticos se están encargando de llevar adelante una agenda programada de destrucción de las clases medias que han hecho grande a esta civilización: *"Con una clase media reducida a su mínima expresión, expoliada por los impuestos abusivos que las élites exigen para subvencionar sus objetivos y sus caprichos multiculturales, feministas, empoderadores, igualitarios y comunitaristas..."*.

En este libro se te mostrarán también las tácticas de poder que se levantan sobre la imposición de las ideologías políticamente correctas y la censura correlativa que éstas imponen; que el igualitarismo que hipócritamente proponen no es sino un modo de subvertir la meritocracia, el esfuerzo y el trabajo para así desarmar a los pobres y a las clases medias, y que las discriminaciones positivas que también hipócritamente imponen no lo son para reparar errores del pasado, sino para dividir a los ciudadanos en nuevos estamentos medievales de modo que la sociedad pierda su unión y su fuerza, y que se encuentre desarmada y sea imposible o muy difícil la movilidad social; o que las urgencias sobrevenidas por la pandemia, de sospechosa procedencia, se han convertido no en un medio de combatirla, sino en un modo de gobierno aún más propicio a los intereses bastardos de las élites gubernamentales y de la industria política; o que el cambio climático que dicen querer combatir no es sino una excusa para incrementar exponencialmente la exacción de las clases trabajadoras, las cuales quedan inermes al verse descapitalizadas; o que los ataques a la familia tradicional y la promoción del aborto son esquemas para impedir el crecimiento de la población europea mientras que se alienta la llamada a la inmigración masiva no para sufragar la ausencia de trabajadores europeos (una enorme falsedad) sino para proporcionar una sustitución poblacional en Europa que facilite sus planes... Y entenderás que todo esto se está llevando a cabo a través de una colusión cada vez más evidente entre las élites económicas, los partidos políticos de izquierdas y el islam político. Y que lo que proponen no es sino una vuelta a antiguos absolutismos, pues a pesar de que intentan camuflar su rostro con nuevos maquillajes que lo hagan irreconocible, lo cierto es que no pueden ocultar que su modelo de sociedad obedece a los viejos totalitarismos de siempre conocidos: estatismo exacerbado, comunismo, nuevas formas de fascismo más o menos descafeinado o socialdemocracia totalitaria. Todas, al fin y al cabo, variedades de socialismo.

Si no me crees, lee el extraordinario e inmenso artículo *El nuevo totalitarismo rojo*, incluido en este libro. Debería ser de lectura obligatoria en todas las Facultades de Periodismo si fueran dignas de llamarse así.

Y finalmente podrás comprender algo tan sencillo como sarcástico y monstruoso: que todo esto, además, lo están haciendo con nuestro dinero. ¿Imaginas lo que sería dejar sin nuestro dinero a esta basura política? Una gran liberación. Pues el primer paso para hacerlo es conocer los peligros que nos rodean. Y esto es el inmenso legado de este libro: te los desvela. Seguramente no se hablará de él en los grandes medios. Lógico, son los cómplices de la conspiración.

Pero de los hombres y mujeres valientes siempre hay que esperar una reacción: si reconocer e identificar la verdadera guerra cultural que nos estrangula es primordial y para ello este libro es de una importancia capital, también lo es como una llamada a la reacción. Menciona Raúl que Occidente se ha levantado durante centurias sobre la fuerza del individuo y la familia y que debemos volver a hacernos fuertes en estas estructuras sociales frente a los ataques que pretenden disgregar tanto la familia como la identidad personal. *¿Dónde están los nuestros?*, se pregunta el autor. Este grito de Munch no caerá en saco roto si hay personas como tú que leen libros como éste.

Y es que los textos que se incluyen en *El shock de Occidente* ponen en valor a esos ciudadanos noqueados por los ataques a su forma de pensar, de ser y de sentir. Y, por ello, destacan *"a los millones de hombres y mujeres de orígenes, ideologías, convencimientos, preocupaciones y esperanzas muy diferentes, con posiciones políticas absolutamente transversales que en cualquier caso se abrazan en un puñado de certezas inamovibles"*, en los que basar la esperanza de la victoria en ese enfrentamiento que comenzó hace mucho y que no encontró oposición hasta fechas recientes, cuando personas y profesionales como Raúl González Zorrilla están desvelando la verdad con grave riesgo personal y profesional. Raúl lo tiene claro: millones de ciudadanos en todo el mundo comienzan a salir a la luz pública *"espoleados por la indignación, azuzados por el hambre de racionalidad, guiados por el sentido común y dispuestos a negarse a seguir siendo por más tiempo los conejillos de Indias del multiculturalismo más soez, del marxismo cultural más aniquilador, del nihilismo más cruel y de la globalización más grosera"*.

Confiamos en que así sea, aunque, a veces, como ponen de manifiesto los artículos dedicados a la situación española en particular, uno teme caer en la desesperanza. Pues si los dirigentes europeos y los nuevos dirigentes norteamericanos incurren en los defectos señalados, nuestros dirigentes patrios serían dignos protagonistas de un esperpento aún más cruel que el de Valle-Inclán. Moverían a risa si no fuera por la tragedia que han instalado en la sociedad española, a la que llevan irremisiblemente a un despeñadero de miseria, nacionalismo, socialismo y comunismo, gobernando desde las más altas cotas de desfachatez y fascismo hasta el punto de haber convertido a España, en tan sólo dos años y medio de Gobierno socialista, en *"la gran primera distopía socialista de la UE en el siglo XXI"*. Describe Raúl con acierto al PSOE como una especie de secta a la que se une lo peor de la sociedad española: comunistas, nacionalistas, proterroristas, y una masa aborregada de seguidores inconmovibles ante el espantajo de la política nacional. Con el respaldo incondicional de Europa, al menos hasta ahora, no se ve el final a esta pesadilla que hasta el más ingenuo sabe cómo terminará: en miseria y pérdida de libertades. Es posible que en un par de años más de este Gobierno no podamos decir que España continúa siendo un país democrático.

Hace noventa años, España fue la primera incursión del comunismo en Europa. Hoy vuelve a ocurrir lo mismo. En nuestra mano está permitirlo o combatirlo.

Para alumbrarnos y alentarnos en la lucha, hay que leer a Raúl González Zorrilla y a los pocos que, como él, se atreven a decir la verdad. Son nuestros héroes contemporáneos, como les reconocerá la historia.

Cuando pienso en Raúl no pienso en un hombre frente a una muchedumbre oclocrática, como podría pensarse de lo escrito más arriba. Pienso en Atlas sosteniendo a duras penas el Mundo. Porque no otra cosa puede decirse de quien pretende salvar no sólo un país, sino una civilización.

Winston Galt

ARTÍCULOS

Defender nuestros valores

El siglo XXI comenzó realmente el día 11 de septiembre de 2001. Aquella jornada aciaga de hace 18 años que no se nos olvidará jamás a quienes defendemos las sociedades libres, la libertad de pensamiento, la tolerancia religiosa y los valores que han sido durante siglos el faro de Occidente, el terrorismo islamista asesinó a casi 3.000 personas en Nueva York y   Washington, destruyó el World Trade Center de la que, a pesar de mucho y muchos, aún sigue siendo la auténtica capital del mundo, y nos colocó, de repente, ante la constatación cierta de que las hordas bárbaras, utilizando recursos ingentes liberados por las nuevas tecnologías y la globalización económica, se habían marcado como objetivo atacar a las sociedades occidentales en sus principales centros de decisión política, social, económica y cultural.

Desde el primer momento, cuando todavía los dos colosos de acero se mantenían en pie en las pantallas de nuestros televisores, entendimos que aquella era una embestida cruel, cargada de simbolismo y rebosante de aborrecimiento contra nuestra civilización. La elección de las Torres Gemelas como objetivo no fue, obviamente, algo azaroso: aquellos edificios, como tantos otros en otras muchas capitales de Europa o de Estados Unidos, representaban excepcionalmente bien las ilusiones de Occidente, nuestras querencias más íntimas, nuestros sueños más ocultos, la evidencia de nuestra grandeza y las dimensiones abismales de nuestra debilidad. Que el atentado más brutal tuviera lugar, además, en Nueva York suponía una declaración formal de guerra contra todo lo que representa esa ciudad sobrecargada, extremadamente vital, bulliciosa y extrañamente melancólica para quienes apreciamos, entre otras muchas cosas, la libertad, la asimilación, los hot-dogs, el MOMA, Gran Central Terminal, Lexington Avenue o las mejores librerías del mundo.

Es un hecho que los clérigos fanáticos y los musulmanes integristas que diseñaron los ataques terroristas del 11 de septiembre de 2001 no solamente querían conseguir miles de víctimas en la primera potencia mundial y en la nación abanderada de la democracia liberal, el capitalismo y el progreso. Además de extender la muerte y el dolor, deseaban también y, quizás, sobre todo, quebrantar la libertad, romper la tolerancia, humillar a los infieles y profanar las normas básicas de convivencia que definen a Occidente y que los islamistas no pueden soportar, como no pueden tolerar la independencia de una mujer paseando sola por cualquier avenida de París, Londres o Bruselas, la secularización enriquecedora de nuestras instituciones, la creatividad de nuestros artistas o los derechos individuales de nuestros ciudadanos.

Nos encontramos a las puertas de una gran guerra de civilizaciones, y, por ello, tras el 11-S y después de tantos ataques como luego habrían de llegar en Madrid, Londres, París, Bruselas, Túnez, Barcelona, Berlín y tantos otros lugares, Occidente debía haber comprendido que es necesario prepararse, que debemos entrenarnos con firmeza para defender todo aquello que nos hace ser mejores y que, actualmente, y a pesar de todo, convierte a nuestros países en los más prósperos, en los más libres, en los más equitativos y en los más avanzados del planeta.

Occidente no está (todavía) preparado para la guerra contra el islamismo, pero quizás debería estarlo, porque desde aquel 11 de septiembre de 2001 todos tenemos que ser conscientes de que debemos estar listos para defender nuestra forma de vida (¿cuándo olvidamos esta expresión?) de esta chusma bárbara que ha llegado con el advenimiento del siglo XXI y que, aunque está encabezada por el islamismo fundamentalista, también está formada por un ingente colectivo de fuerzas locales, generalmente de inspiración comunista, socialista y nacionalista, y siempre marcadamente totalitarias, que cabalgando sobre la ola globalizadora, y aprovechándose obscenamente de las ventajas que ésta produce, tratan de expandirse a lo largo y ancho del planeta.

Dieciocho años después del 11-S, urge aprender que nuestra lucha por la libertad habrá de ser para siempre, aunque el ocaso del deber, la renuncia al esfuerzo y la negativa a perseverar en el resguardo de los mejores valores de la civilidad moderna se han extendido preocupantemente entre los hombres y mujeres del viejo continente.

El escritor italiano Pietro Citati, autor de *La luz de la noche*, ha descrito perfectamente esta situación: *"El mundo europeo del siglo XXI es irreal, teatral, fantasioso, televisivo, espectacular. Ningún occidental sabe ya usar la fuerza. Y cuando recurre a ella, la usa de forma inexperta, torpe, excesiva, o acompañada de tanta cautela, tanto miramiento, tanta excusa y tanta precaución que se vuelve totalmente ineficaz y perjudicial. (...) Para una democracia, defenderse del terrorismo elevado a sistema es muy difícil, casi imposible. (...) Tendremos que renunciar a numerosos placeres: pequeñas libertades, garantías jurídicas, riquezas, ayudas. Durante muchos años, todo estará en peligro. A veces existe la impresión de que muchos no están dispuestos a hacer esos sacrificios y que, para ello, la civilización occidental puede hundirse sin nostalgias. (...) Parece que la paciencia, el valor y la capacidad de aguante se han desvanecido. Mejor conservar la vida, al precio que sea"*.

Imposible decirlo con mayor claridad y con más rotundidad. Tiempo después de que un puñado de suicidas islamistas, con el apoyo de una importante caterva de clérigos y multimillonarios musulmanes, destruyeran el World Trade Center, apenas hemos avanzado nada en cuanto a la comprensión del tamaño real de la amenaza que se nos avecina. Padecemos una absoluta falta de recursos éticos para convencer y para convencernos de que, efectivamente, nuestras sociedades democráticas son muy superiores, desde un punto de vista moral, político, social y cultural, a cualesquiera otras sociedades del planeta. Aún hoy, cuando día tras día observamos cómo la sinrazón, el odio y la barbarie son profusamente jaleados en distintas partes del mundo, y siempre contra Occidente, somos incapaces de entender que los elevados niveles de convivencia y tolerancia que hemos alcanzado en nuestras megápolis están en peligro porque, amparándose en la mundialización de la economía y de la cultura, todos los totalitarismos, y especialmente los islamistas y los comunistas, están atracando en las costas de Europa y Estados Unidos.

Y lo están haciendo gracias a una lacia mezcolanza ideológica, a un batiburrillo de eslóganes pseudoéticos y a una caótica mixtura de biempensantes pancartas políticas que, al final, se han fusionado en una de las creencias más absurdas y erróneas, pero también más repetida, del espíritu occidental actual: el precepto de que "todas las ideas son igualmente válidas". Este certificado de dogmática igualdad que el pensamiento débil occidental otorga a la totalidad de los juicios de valor ha abierto una puerta fatal a la infantilización intelectual de nuestras sociedades, al quebranto del proyecto humanista occidental y a un "todo vale" global que, especialmente en España, ha alcanzado niveles de ruindad y demérito difícilmente superables.

Pretender una paridad radical de todas las ideas en un magma multicultural siempre candente, presumir la nobleza de todas las creencias y admitir como iguales todas las religiones, por ejemplo, no solamente supone voltear la gradación de los valores intelectuales, espirituales, éticos y estéticos heredados de la modernidad sino que significa también proporcionar una carta de legitimidad absoluta a quienes, como los fanáticos islamistas o los neocomunistas en Europa o en Estados Unidos, producen, alimentan y propagan proyectos de exterminio, de eliminación, de racismo, de discriminación o de aniquilación, y, además, implica que quienes defienden estas opiniones tienen tanto derecho a ser respetados como quienes desarrollan e impulsan criterios no atentatorios contra el resto de la humanidad. El relativismo ideológico y cultural y la corrección política se han convertido para Occidente en cánceres demoledores que permiten otorgar a las voces de los bárbaros, los crueles, los fanáticos y los irracionales la misma validez moral que a los mejores y más elevados discursos y planteamientos.

Nos encontramos al límite de nuestras posibilidades de supervivencia y Occidente no puede seguir siendo el saco de los golpes de todos los totalitarismos que campean por el globo, que son muchos.

Debemos comenzar a ser conscientes de nuestra grandeza, de nuestra historia, de todo lo que hemos conseguido a lo largo de los siglos. Debemos ser conscientes de que el futuro solamente existirá para nosotros si somos capaces de recordar detalladamente nuestro pasado y defender nuestro presente tal y como nosotros lo queremos, y no como nos lo quieren imponer. En palabras, nuevamente, de Pietro Citati: *"La civilización occidental es culpable de muchas cosas, como cualquier civilización humana. Ha violado y destruido continentes y religiones. Pero posee un don que no conoce ninguna otra civilización: el de acoger, desde hace 2.500 años -desde que los orfebres griegos trabajaban para los escitas-, todas las tradiciones, los mitos, las religiones y a casi todos los seres humanos. Los comprende o intenta comprenderlos, aprende de ellos, les enseña, y después, con gran lentitud, modela una nueva* creación que es tan occidental como oriental. ¡Cuántas palabras hemos asimilado! ¡Cuántas imágenes hemos admirado! ¡Cuántas personas han adquirido la ciudadanía "romana"! Éste es un don tan grande e incalculable que tal vez valga la pena sacrificarse, *pro aris et focis*, a cambio del derecho de pasear y ejercer la imaginación ante la catedral de Chartres, en el gran prado de la universidad de Cambridge o entre las columnas salomónicas del palacio real de Granada".

La alianza de Marx y Alá

"La Marcha de las Mujeres" y otros cientos de manifestaciones que lideradas por personajes patéticos como la cantante Madonna o por radicales demagogos e incendiarios como el "cineasta" Michael Moore, reúnen, bien aireadas por los medios de comunicación más rastreros y manipuladores que ha padecido Occidente desde el fin de la II Guerra Mundial, todas las estereotipadas proclamas que la extrema-izquierda occidental utiliza desde la caída del Muro de Berlín para llenar su listado de perennes protestas y reclamaciones.

Basta observar algunas de las imágenes que se han dado en esta "Marcha de las Mujeres" para entender que esta iniciativa y similares solamente son la punta de lanza de un movimiento global anti-Occidente que se construye sobre varios elementos perversos: el apoyo a la inmigración ilegal sin control, fundamentalmente islámica, como forma de desgastar los valores tradicionales sobre los que se levantan nuestros Estados democráticos; la utilización de la ideología de género más aberrante como herramienta básica para diluir el papel fundamental que desempeña la familia tradicional en nuestras vidas; la manipulación de las minorías raciales y políticas como instrumento de ataque contra los gobiernos de nuestras naciones y la islamofilia como pancarta disgregadora y destructora del bagaje espiritual e intelectual judeocristiano y grecorromano sobre el que se levantan nuestras sociedades.

Todas estas banderas, utilizadas habitualmente por los partidos, las organizaciones y los movimientos de izquierda y de extrema izquierda occidentales, son las que han llegado para ocupar el hueco creado en el pensamiento pretendidamente "progresista" tras el hundimiento del marxismo con la caída de la antigua URSS. Incluso, hace unas semanas, en otra de las manifestaciones "anti-Trump" que tuvo lugar en Nueva York se pudo contemplar cómo el empleo de la violación femenina como arma terrorista, tan utilizada por los actuales movimientos terroristas islamistas, también se ha introducido en la campaña de protestas contra el nuevo presidente: un manifestante concentrado ante la puerta de entrada a la Torre Trump, situada en la Quinta Avenida de Nueva York, portaba un cartel muy explícito: "Rape Melania". ("Viola a Melania" - nombre de la esposa de Donald Trump -).

Hay que estar preparados porque las diferentes marcas del totalitarismo de extrema-izquierda, aliado con el totalitarismo político islamista, quieren utilizar sus ataques a Donald Trump como arietes para acabar con los valores occidentales tradicionales. Y para ello, tal y como están demostrando hasta el vómito moral medios de comunicación como *The New York Times, The Washington Post, BBC, El País o CNN*, entre otros muchos, generalmente abanderados serviles de todo tipo de causas presuntamente progresistas, no dudarán en manipular, mentir, tergiversar, señalar y difamar para obtener sus objetivos.

Hay una alianza global de Marx y Alá, santificada por el totalitarismo políticamente correcto, impulsada por las elites mundiales socialdemócratas, regada por recursos económicos de oscuros orígenes y acelerada por el poder de las nuevas tecnologías de la comunicación, que se está convirtiendo, se ha convertido ya, en el principal desafío contra las democracias clásicas, contra nuestro legado y contra los valores éticos y los mejores elementos socioculturales que han permitido a una buena parte del mundo alcanzar los mayores niveles de libertad, tolerancia, progreso y desarrollo de la historia. Y solamente combatiendo con firmeza esta lacra moral, intelectual, política y cultural, podremos alcanzar lo que los votantes americanos de Donald Trump han querido lograr a través de las urnas: que las oportunidades han de extenderse a todo el cuerpo social; que el respeto a las minorías no debe confundirse con ser esclavos de éstas; que la apertura a la inmigración no debe mezclarse con la aceptación ridícula de todo tipo de flujos migratorios incontrolados, y, en definitiva, que el individualismo como valor supremo, la libertad personal y el derecho a la seguridad, no debe ceder ante el empuje de los comunitarismos populistas más agresivos, groseros y desnortados.

Todo está oscuro

Las llamas que devoraron parte de la catedral de Notre-Dame son el símbolo más dramático y evidente del fin de Occidente. Nuestras naciones se desmoronan desconectadas de su historia, apartadas de sus tradiciones, aisladas de su legado cultural y despojadas de sus grandes valores referenciales. Patrias milenarias se suicidan al mismo ritmo desolador que se aniquilan fetos o se inmolan sus ciudadanos, que han convertido el quitarse la vida, sus vidas, en una de las primeras causas de muerte no natural en Europa. Mientras las iglesias arden en Francia y miles de judíos vuelven a abandonar el viejo continente, ahora perseguidos por las hordas antisemitas alimentadas por la extrema-izquierda política, y cuando el islam generosamente financiado por los países del Golfo comienza a imponer la ley islámica en numerosas zonas de Francia, Gran Bretaña, Alemania, Bélgica o Suecia, la noche cae sobre nuestras ciudades. Con una clase media reducida a su mínima expresión, expoliada por los impuestos abusivos que las élites exigen para subvencionar sus objetivos y sus caprichos multiculturales, feministas, empoderadores, igualitarios, regeneracionistas y comunitarios, nuestras calles y plazas, cada vez más inseguras, más decrépitas, más extrañamente ruidosas y más confusas para quienes siempre hemos vivido, amado y trabajado en ellas, se hunden en la desidia, el olvido y el abandono.

En la hora del crepúsculo civilizacional que nos ha tocado vivir, vuelven los fantasmas de siempre arrasando la libertad, censurando opiniones, prohibiendo creaciones, insultando a nuestro Dios, imponiéndonos nuevas leyes y nuevos silencios y exigiendo nuevos tributos espirituales y materiales. Llega el invierno final a Occidente y trae con él un ingente frío moral que cae sobre nosotros en forma de avalanchas de ruina demográfica, de descomposición territorial, de consumo masivo de opiáceos y drogas sintéticas, de inmigración masiva, de reemplazo poblacional, de populismo sexual, de olvido de nuestro pasado, de insultos a nuestros ancestros y, sobre todo, de destrucción, desprecio y olvido de todo lo excelso y bello que a lo largo de más de 2.000 años nos ha legado nuestro acervo judeocristiano y grecolatino.

El futuro es tan negro como lo parece. Y tan incierto. La calma ficticia que el totalitarismo socialdemócrata ha impuesto sobre la Unión Europea comprando un mínimo bienestar general a base de endeudarnos por generaciones, solamente puede acabar en una tormenta perfecta que nadie sabe cuándo llegará, pero que pocos dudan de que ocurrirá. Y, al mismo tiempo, el espectro totalitario alimentado por las izquierdas socialistas y comunistas, convertidas ya toda ellas en una gran horda de izquierda extrema de inspiración y financiación bolivariana, en alianza con el islam político y el marxismo cultural más aberrante, va cubriéndolo todo con la suavidad y la tenacidad con que la niebla cae sobre las montañas húmedas del norte. Por supuesto, se extiende por los parlamentos y los principales medios de comunicación occidentales, cada vez más convertidos en reductos ideológicamente pestilentes donde reina la oclocracia, la desvergüenza y la ignorancia más absoluta. Pero, además, el nuevo y blando totalitarismo también alcanza a los centros de investigación y a las grandes publicaciones científicas, sometidas al dictamen miserable y cobarde de la corrección política y de la ideología de género; se expande por las poderosas factorías de la ficción universal, cuyas películas y series convierten ahora al hombre blanco, cristiano y heterosexual en el principal responsable de todos los males de nuestro tiempo; y se corona en las escuelas y universidades, travestidas actualmente, salvo honrosas excepciones, en auténticas máquinas de producir neocomunistas fanatizados, individuos con identidades sexuales fluidas, jemeres verdes integristas de un inexistente cambio climático y ofuscados feministas siempre prestos a reivindicar un presunto derecho, pero nunca preparados para asumir una obligación.

Intelectuales de talla internacional como Gilles Kepel, Ivan Rioufol, Eric Zemmour o Alain Finkielkraut, entre otros, ya han advertido que nos encaminamos hacia una nueva gran guerra en Europa, y quizás en otras regiones del mundo desarrollado. Ninguna gran cultura de las que han hecho avanzar la humanidad ha muerto sin luchar y la gran civilización occidental, que ha levantado el mundo que vemos a nuestro alrededor, no va a ser diferente. Ciñéndonos solamente al ámbito de la Unión Europea, hay ya demasiados territorios donde no llega, o lo hace muy difuminadamente, el peso de unos Estados presuntamente democráticos que cada se van haciendo más convulsos, más inanes e inoperantes. De Cataluña a Molenbeek y de Marsella a Malmö, pasando por determinados lugares de España, Alemania o Gran Bretaña, nuestros países están dejando de serlo porque los derechos fundamentales ya no están en posesión de los ciudadanos que los conformamos sino en manos de múltiples comunidades perfectamente diferenciadas sobre cuyas demandas y exigencias permanentes, nunca saciadas del todo, las élites socialdemócratas, sean éstas de derechas o izquierdas, garantizan su supervivencia. El futuro se ennegrece porque los ciudadanos tenemos padres, madres, familias, estirpes, historia, tradiciones, costumbres y memoria, pero los nuevos protagonistas del porvenir, sean éstos millones de musulmanes recién llegados a Europa o una miríada de minorías recién construidas, soliviantadas y teledirigidas para acabar con los modelos de hombre y de mujer que nos legaron nuestros padres y abuelos, carecen de todo tipo de anclajes con nuestro pasado y con nuestro legado ético, cultural y espiritual. Y, lo que es peor, tampoco les importa demasiado porque, para ellos, el mundo empezó ayer y se mueve en base a eslóganes, pancartas y reclamaciones constantes, saciadas con ingentes cantidades de dinero público, sobre las que habrán de levantarse los nuevos tiempos que están por llegar o, mejor, que ya están aquí.

Los mismos miserables que quieren convertir la reconstrucción de la catedral de Notre-Dame en un espectáculo dantesco en el que uno de los grandes templos de la cristiandad pase a convertirse en un monumento "multicultural" que represente a "la nueva sociedad francesa y europea" han decidido que la tradición occidental, y los valores a ésta asociados, ya no sirve para sus intereses espurios y globalizadores. Y, para ello, han decidido apagar la luz de la inteligencia y decretar la ceguera permanente porque, como bien sabemos, de noche todos los gatos son pardos y en las penumbras las víctimas pueden ser confundidas con los verdugos, los auténticos hombres libres son identificados como peligrosos extremistas, los terroristas y sus apologetas son vitoreados en los Parlamentos y los muchos herederos de Lenin y Stalin pueden ser considerados, otra vez, como los grandes libertadores del siglo XXI. Que nadie lo dude: nuestros ancestros vivieron tiempos duros que crearon personas fuertes; esos hombres y mujeres fuertes crearon buenos tiempos, y esos buenos tiempos han creado tipos infames excelentemente representados por ruinas morales como Pedro Sánchez, Pablo Iglesias, Enmanuel Macron, el Papa Francisco o Justin Trudeau, entre otros muchos. No lo duden. Gentuza ética de semejante calibre solamente puede crear, nuevamente, tiempos duros. Muy duros.

Sí, llega la oscuridad.

La revolución del *Varon Dandy*

Mis recuerdos de la infancia huelen a café recién hecho, a bizcochos dorándose en el horno y a vapores de eucalipto en una cocina que era el corazón de todos y de todo. Mis recuerdos de la infancia tienen de fondo la voz de mi madre charlando con las vecinas, la sintonía del consultorio de Elena Francis que permanentemente sonaba en la radio del aparador, las canciones de Nino Bravo que se repetían una y otra vez en el radiocasete del coche familiar y los discos de Fórmula V que buscaba en los mercadillos de las fiestas de los pueblos. Mis recuerdos de la infancia tienen el sabor del cocido madrileño que en los inviernos oscuros y siempre húmedos del norte preparaba nuestra yaya, de la merluza a la parrilla que cocinaba mi padre en una auténtica ceremonia cotidiana en la que él era rey y vasallo a la vez y de los polvorones que siempre llegaban por Navidad. Mis recuerdos de la infancia son imágenes cada vez más borrosas de mis padres vestidos de domingo para salir a tomar el vermut, de mi tío Julio, perfumado a rebosar de *Varón Dandy*, ataviado con su eterna gabardina marrón, su inmenso maletín negro y un *Farias* inagotable colgando de la boca, llegando a casa siempre protestando porque lo que veía en la calle ya casi nada tenía que ver con lo que él había conocido en su amada tierra castellana...

Ahora, muchos años después de aquellos tiempos idos ya para siempre, cuanto más me esfuerzo en rememorar cómo era el hogar donde viví los primeros años de mi vida, más claramente comprendo que el universo de aromas, sabores, sonidos y visiones que conformó nuestra infancia y nuestra primera juventud estaba también repleto de una larga ristra de valores, saberes, costumbres, tradiciones, principios y normas que pacientemente, y en ocasiones también involuntariamente, nos transmitían nuestros mayores y que son los que, en tiempos muy difíciles, habían conseguido convertir el mundo, en general, y nuestro mundo, en particular, en un lugar infinitamente mejor que el que ellos habían recibido de sus antecesores.

De este modo, junto a los vahos de *Brummel* y del *Agua de Colonia Concentrada Álvarez Gómez* viajaba nuestro primer contacto con la honradez, la decencia y la dignidad y, sobre todo, aquellos aromas alumbraban una realidad en la que nuestros padres y abuelos, con mucha menos riqueza que nosotros a su alrededor, distinguían claramente a las víctimas de sus verdugos, valoraban como un tesoro el acceso a la educación de la que ellos apenas habían disfrutado, reconocían a un bribón en cuanto lo tenían delante, sabían el significado de un apretón de manos y conocían la justa medida, la importancia exacta y los límites claros de palabras como democracia, libertad, tolerancia, justicia o progreso. Todavía no había caído el Muro de Berlín y, por ello, aún no había comenzado la venta generalizada de compromisos, el toma y daca de principios e ideas y la quiebra de las grandes ideologías referenciales del pasado siglo XX, cuyo estrepitoso hundimiento abriría el camino al mundo distópico que hoy arde impenitentemente ante nuestros ojos.

Occidente ha crecido, se ha desarrollado y se ha convertido durante centurias en el faro del mundo levantándose sobre la fuerza del individuo, de los derechos y deberes de cada persona, pero también haciéndose fuerte en una inquebrantable estructura familiar que, siguiendo poderosas estirpes, engarza con nuestros más remotos antecesores y que, a lo largo de los siglos, se ha visto reforzada por la solidez y consistencia que la filosofía griega, el conocimiento romano y la espiritualidad cristiana han proporcionado a esta institución troncal para el desarrollo colectivo. Hoy, cuando todo lo que un día levantó nuestra civilización parece encontrarse en liquidación por derribo, bajo múltiples fuegos cruzados o en el más completo abandono, vemos cómo la familia, en su papel de piedra angular de nuestras sociedades, es la principal pieza a abatir por todos aquellos que desde visiones, intereses y puntos de vista muy diferentes, convergen y coinciden en un objetivo común: acabar lo más rápidamente posible con eso que la nueva presidenta de la Comisión Europea, Ursula von der Leyen, ha definido como "estilo de vida europeo", aunque posteriormente haya tenido que pedir perdón por semejante "atrevimiento".

En este sentido, las elites empresariales y económicas, abrazadas en el "capitalismo woke" o en el "capitalismo políticamente correcto" que pone el planeta en manos de personajes de sainete como Greta Thunberg con el fin de poder continuar haciendo lo que les resulte más interesante para sus cuentas de resultados; los nuevos bárbaros neocomunistas que tratan de conquistar América y Europa impulsados por el marxismo cultural difundido desde el Foro de Sao Paulo; el islam político y económico que arrasa Occidente devorando nuestros valores y principios más sólidos con la fuerza de un tsunami alimentado incansablemente con millones de petrodólares; y, en fin, el totalitarismo socialdemócrata que quiere convertir nuestras sociedades en un gigantesco proyecto de ingeniería política y cultural, saben, todos ellos, que las familias tradicionales, como si fueran las neuronas más activas del cuerpo social, son las que almacenan la memoria de nuestro pasado, nuestras tradiciones, nuestras costumbres, nuestras creencias y, en fin, todo el inmenso y grandioso acervo ético, ideológico, intelectual y emocional que forma parte de nuestra geografía moral colectiva, desde Lisboa a Estocolmo y de Londres a Moscú. Y, por ello, quieren acabar con esas mismas familias subvencionando sin concesiones el aborto extremo, promocionando la ideología de género hasta la extenuación, impulsando los matrimonios del mismo sexo, eliminando la figura del padre de la ecuación procreadora, ridiculizando el instinto maternal, alentando el invierno demográfico, permitiendo la difusión de la poligamia que llega de la mano de un incesante y bien engrasado flujo migratorio que tiene su origen en múltiples países musulmanes y, sobre todo, bañando el concepto de 'familia natural' de una pátina de radicalismo, extremismo, intolerancia y "ultraderechismo" que actúa como un disolvente perfecto para licuar esa trinidad que ya casi no se puede nombrar: padre-madre-hijos.

Pero, sobre todo, al dinamitar la familia tradicional, buscan acabar con el legado de nuestros antecesores para que los mandarines del nuevo orden mundial, ya saben, los turbocapitalistas tradicionales, los tecnócratas socialdemócratas, los funcionarios contados a miríadas, los matones de extrema-izquierda que hacen el trabajo sucio a todos los anteriores y los ejércitos islamistas bien subvencionados también por todos los anteriormente citados, puedan comenzar a recrear una realidad virginal moldeada a su medida, sin pasado, sin tradición, sin nostalgia y sin anales ni legados a los que atender y rendir respeto. El sociólogo canadiense Mathieu Bock-Côté, lo explica perfectamente: *"La tentación totalitaria que se está desplegando hoy en día significa alejarnos de la antigua civilización occidental y obligarnos a una utopía diversitaria que dará a luz al nuevo hombre, sin raíces ni sexo, sin naturaleza ni cultura, sin padres o hijos, y perfectamente maleable de acuerdo con los métodos de la ingeniería de la identidad"*.

Efectivamente, este es el porvenir que están tratando de conformar para nuestros vástagos, un mañana volteado y alienante donde las ideas conservadoras serán castigadas con la cárcel, donde el sentido común más elemental, como heredero privilegiado de una larga cadena de conocimientos transmitidos de padres a hijos, será arrumbado a los manicomios estatales y en el que día tras día todo será impenitentemente nuevo, renovado, reciente, actual y posmoderno. Vayan preparándose para entrar en acción, porque cuando la quimera tiránica que tantos de entre nosotros están empeñados en poner en marcha se convierta en una realidad ineludible habrá de nacer una nueva Resistencia que reconocerá a los suyos en pequeños detalles que serán como linternas identificativas entre la llovizna totalitaria que nos calará hasta los huesos: una mano de mujer que tenuemente roza la mano de un hombre, un árbol de Navidad apenas visto en un jardín, un niño que juega con un viejo fuerte *Comansi* de vaqueros e indios mientras su hermana peina a una estilizada muñeca Nancy, el humo poderoso de un asado de carne trabajado en la intimidad alegal de una cocina recóndita, una pequeña cruz disimulada en el pecho, un flyer con la imagen de una modelo en bikini o, simplemente, la contraseña XXv-XYp ('Las niñas tienen vulva y los niños, pene), que correrá solamente entre los canales más codificados, secretos y privados. Cosas como estas serán las que llamen a la acción de los nuestros. Que no les quepa duda: la siguiente Reconquista, que también será conocida como la *Revolución del Varón Dandy*, comenzará un no muy lejano mes de diciembre, cuando unas pocas familias, que luego serán muchas, levantarán apercibidos por la Ley y amenazados por la Policía un nacimiento sexista mientras cantan un villancico discriminador en un mercadillo navideño que, por supuesto, será ilegal.

Feliz Navidad.

¿Dónde están los nuestros?

¿Dónde están los nuestros?, me preguntaste mientras paseábamos por la gélida calle Vasagatan de Estocolmo. Y no supe qué responderte. A nuestro alrededor, bajo un cielo tan azul como helado, mujeres veladas caminaban rápidamente rodeadas de niños adormilados, jóvenes asexuados con gafitas coloridas aparcaban sus bicicletas en la estación central, un borracho de mirada vidriosa mataba sus recuerdos de otra época en una botella de ginebra barata, ejecutivos grisáceos abandonaban las cercanas oficinas del *Aftonbladet* mordisqueando un pastelillo y el olor a hamburguesas recién hechas, a kebabs grasientos y a kabanoss a la parrilla rebosantes de curri llegaba, extraño y excéntrico, hasta la Stor-kyrkobrinken, ya en la parte vieja de la ciudad.

¿Dónde están los nuestros? Los nuestros, a los que apenas vemos en las tiendas de lujo del Boulevard Haussmann de París, los que nunca están entre los hombres de túnicas blancas impecables y escabrosos relojes de oro que se pasean lentamente por Bond Street o los que desaparecen entre las numerosas bandas de adolescentes inmigrantes, de punkis extemporáneos, de nuevos ecoizquierdistas o de grupos LGTB que un día sí y otro también tiñen de colores brillantes y música disco el intenso tráfico de coches, tranvías y motocicletas de la Friedrichstrasse berlinesa.

¿Dónde están los nuestros? Como si fueran improcedentes "ooparts", esos melancólicos objetos fuera de su tiempo y de su lugar que aparecen inopinadamente en los lugares más insospechados del mundo, millones de europeos vagan hoy perdidos, desnortados y agotados por las calles de sus ciudades sin reconocer como suyos los lugares donde nacieron, los rincones donde amaron por primera vez, las escuelas donde estudiaron, las fábricas que un día se levantaron con la sangre y el sudor de sus padres y abuelos y, sobre todo, viendo cómo el patrimonio espiritual de sus ancestros, sus anclajes culturales y sus referentes ideológicos forman parte de un mundo que parece agonizar bajo el dictamen feroz de la dictadura socialdemócrata que arrasa Occidente desde sus acantonamientos de Bruselas o Estrasburgo. Desde allí, desde esos cuarteles siempre demasiado lejos de todo y de todos, batallones de miles de políticos éticamente inanes y de burócratas vendidos a la corrección política pretenden repartir el que ha de ser el brebaje de los nuevos tiempos que han escanciado especialmente para nosotros: un cóctel normativo imbebible elaborado con muchas leyes económicamente impositivas, con un número ingente de directivas a favor de la ideología de género, con repetidas diatribas contra la familia, con un puñado intenso de reglas "anti-odio", con un chorro generoso de censura por nuestro bien, con un espolvoreado abundante de adoctrinamiento educativo y con unas gotas bien distribuidas de aleccionamiento biempensante, siempre ignorante, rastrero y tedioso.

¿Dónde están los nuestros, dónde está nuestro legado que en el pasado fue Imperio, dónde se esconde el espíritu aguerrido de las extensas estirpes que un día alumbraron Grecia, elaboraron la primera y única religión auténticamente universal, levantaron Roma, trazaron el Camino de Santiago, dedicaron catedrales al cielo, alumbraron el Renacimiento que extendió Occidente hasta el nuevo mundo, que pusieron por escrito el capitalismo y que llevaron a nuestra civilización a las más altas cotas de progreso, desarrollo y bienestar alcanzadas jamás por los seres humanos? ¿Quién recuerda hoy las batallas ganadas por nuestros padres? Y, sobre todo, ¿quién desea acordarse de las guerras que perdieron y de lo que ocurrió después?

Como fantasmas desnortados que rehúsan abandonar los territorios sobre los que un día reinaron y fueron felices, como zombis que se resisten a morir frente a los "nuevos europeos" que por dictado del aparato político-mediático-económico dominante llegan desde tierras lejanas cargados de costumbres, normas y creencias que son incompatibles con las nuestras, los viejos europeos buscan su identidad, su esencia, sus valores, sus banderas morales, sus costumbres, su forma de ser y su memoria colectiva entre las nieblas de una geografía globalizada, neutra, deslavazada e inmoral donde el rostro obligatoriamente cubierto de una mujer es ahora un ejemplo de libertad, donde se cierran iglesias mientras se abren decenas de mezquitas, donde no hay padres ni madres sino progenitores uno y dos, donde reinan jemeres verdes y oenegés oscuramente subvencionadas, donde hay niñas con pene y niños con vulva, donde se escupe al cristianismo que nos hizo como somos, se manipula nuestra historia, se prohíben clásicos literarios y se humilla al europeo tradicional: por ser europeo, por ser blanco y por ser hombre, si es el caso. Y por ser, junto a los estadounidenses, el epítome de lo occidental.

¿Dónde están los nuestros? Tras décadas agazapados, ocultos, silenciosos y silenciados, convertidos en carne de impuestos, manteniendo a sus familias tradicionales sin apoyo de nadie y con la cabeza agachada, sintiéndose olvidados por las instituciones multiculturales, sufriendo el incesante aumento de la inseguridad en las calles, padeciendo el terror islamista en mercadillos navideños, aeropuertos y discotecas, sintiéndose profundamente despreciados por los miserables medios de comunicación del Sistema que les trataban como escoria ignorante, ultraderechista, odiante y fanática, y siendo humillados como lo fueron los 'rednecks' norteamericanos que dieron la victoria a Donald Trump, el hombre y la mujer europeos comienzan a salir a la luz pública espoleados por la indignación, azuzados por el hambre de racionalidad, guiados por el sentido común y dispuestos a negarse a seguir siendo por más tiempo los conejillos de Indias del multiculturalismo más soez, del marxismo cultural más aniquilador, del nihilismo más cruel y de la globalización más grosera.

Y así, los nuestros asoman ya la cabeza. El viejo ciudadano europeo sale nuevamente a la calle vestido con los andrajos que jamás se anuncian en la *CNN, The Financial Times, El País, Le Monde o The New York Times,* con la garganta quebrada tras años de silencio forzado y con los andares agotados de quienes presienten que el final puede estar cerca, pero con la fuerza telúrica de quienes se saben poseedores de secretos añejos, de códigos inmemoriales, de la sabiduría y las destrezas que la mejor de las civilizaciones nos ha legado. Y, por ello, los nuestros se han lanzado a tomar las calles y las plazas que un día fueron suyas, comienzan a salir de las zonas rurales donde muchos de ellos decidieron permanecer resguardados de la lluvia ácida y torrencial que cae en forma de ideología de género, de feminismo radical, de anticristianismo, de antisemitismo, de imposición de las mino-rías y de promoción de la mediocridad, para votar, para gritar y para   reivindicar en voz alta y allí donde sea posible, bajo el paraguas de las "nuevas derechas" o de la "derecha alternativa", principios, valores, propuestas y reclamaciones básicas de puro sentido común, pero que llevan años siendo abandonadas y despreciadas, arrinconadas por el totalitarismo socialdemócrata en el estercolero de la "ultraderecha", de los "fachas", de los "perpetuadores del odio", de los "fanáticos" o, en el caso español, en el gran vertedero del "franquismo", que, al parecer, tantos tesoros abandonados guarda todavía en su interior.

Que nadie se llame a engaño: las "nuevas derechas" poco o nada tienen que ver con la derecha tradicional que, como bien señala Robert

Steuckers, ya no existe. Bajo el paraguas de estas "derechas alternativas" se aglutinan millones de hombres y mujeres de orígenes, ideologías, convencimientos, preocupaciones y esperanzas muy diferentes, con posiciones políticas absolutamente transversales que en ocasiones pueden ser de "izquierdas" o de "derechas", pero que, en cualquier caso, todas ellas se abrazan en un puñado de certezas inamovibles: la defensa a ultranza de los valores tradicionales ligados a la gran civilización occidental que tantos y con tanto empeño quieren aniquilar; el convencimiento de que libertad y seguridad no son caras diferentes de una misma moneda sino condiciones previas sin las que todo lo demás no existe; la reivindicación de la grandeza y de la historia de nuestras patrias; la asunción de la familia natural como la base sobre la que se asientan nuestras sociedades; la oposición radical a que se utilice política y económicamente a la inmigración ilegal, especialmente la de origen arabo-africano, como caballo de Troya para alentar el reemplazo de la población original europea; el convencimiento de que el gran proyecto civilizatorio occidental no puede ser entendido sin dos milenios de tradición cristiana; la oposición radical al totalitarismo comunista y a su gran afín histórico, el totalitarismo nacionalsocialista y, sobre todo, la creencia firme de que solo los individuos, y no los grupos, ni las minorías, ni los pueblos, ni los portadores de cualquier bandería, poseen derechos inalienables. Estos y apenas algunos más son los eslabones con los que se está construyendo la gran cadena que une, en ocasiones torpe y débilmente, a individuos y organizaciones tan dispares y en ocasiones contradictorios como Viktor Orbán, Sebastian Kurz, Beata Szydlo, Donald Trump, Santiago Abascal, Marine Le Pe, Jair Bolsonaro, Geert Wilders o Heinz-Christian Strache, entre otros muchos.

Los nuestros, los estandartes de un mundo con más de 2.000 años de historia que ahora no pocos quieren dinamitar en apenas unas décadas, siguen presentes, quizás algo cansados y con cicatrices y arrugas bien marcadas, pero con más fuerza, con más razones, con más rabia, con más argumentos y con las mismas ganas de libertad que siempre. Frente a los nuevos marxistas, frente al Islam político, frente a la extrema-izquierda camuflada de terciopelo, frente al nihilismo burdo de las élites empresariales y financieras o frente a quienes tratan de dividir las viejas naciones para repartirse más fácilmente sus despojos, frente a los nuevos puritanos y los nuevos integristas, los viejos europeos que un día alumbramos Occidente hemos recuperado la voz y hemos comprendido que solo nosotros podemos ser la Resistencia a todo lo que viene.

El hundimiento

La vergüenza de Occidente se llama Unión Europea. El gran territorio que un día pensamos como el corazón de hierro de la gran civilización occidental se ha convertido en un estercolero totalitario, en un paraíso oclocrático regido por un puñado de élites políticas, económicas y mediáticas de corte socialdemócrata que, para que nada cambie, han puesto a su servicio a la chusma neocomunista que tan generosamente han alimentado durante años.

Realmente, no sabemos cuándo comenzó el hundimiento. Pudo ser el 9 de noviembre de 1989, cuando con la caída del Muro de Berlín la izquierda se quedó huérfana de utopías sangrientas y poco después comenzó a fraguar en la megalópolis brasileña de Sao Paulo nuevas líneas de pensamiento totalitario en forma de neofeminismos, de ideología de género, de ecofascismos, de corrección política, de fatuo multiculturalismo o de fanático "altermundialismo". Pudo ser el 11 de septiembre de 2001, cuando los ataques terroristas islamistas contra Nueva York y Washington que provocaron la muerte de más de 3.000 personas se presentaron como un puñetazo del islam más radical en la mesa global. O pudo ser el 9 de noviembre de 2016, cuando la victoria electoral de Donald Trump en Estados Unidos, un hombre extremadamente vocinglero, pero orgullosamente identitario, guardián de la tradición, defensor del pensamiento honrosamente conservador y sólido portavoz de esa gran mayoría de ciudadanos silenciosos y triturados a impuestos que por no pertenecer a ninguna minoría son despreciados por los demócratas exquisitos, alertó de lo que estaba ocurriendo y advirtió de que algo nuevo y diferente se estaba fraguando en el corazón de nuestras sociedades. O quizás la fecha del inicio de la infamia sea lo de menos porque lo que sí sabemos a ciencia cierta es que el colapso ha comenzado a producirse en medio de un inmenso caos de ignorancia, fanatismo, irracionalidad y de valores, principios y modelos éticos hechos jirones.

¿No lo creen? Miren algunos pequeños detalles a su alrededor. La violencia estalla en las principales capitales de Europa de la mano de una inmigración tan ilegal como descontrolada, de un incremento exponencial del consumo de drogas y de una falta absoluta de referentes morales y de principios educacionales; el viejo continente, con los niveles demográficos más bajos de su historia, reemplaza su población con seres humanos cargados con modelos culturales absolutamente incompatibles con los nuestros, mientras la izquierda política impulsa la eutanasia y pide que "no se tengan hijos para cuidar el medio ambiente"; la gran líder occidental en estos momentos es una niña autista que en medio de un estruendo bobalicón somete a no pocos Parlamentos democráticos y a la práctica totalidad de los medios de comunicación del sistema a las más variadas estupideces de la extrema izquierda; la libertad de expresión desaparece en los grandes países de la UE al dictado de múltiples y variadas legislaciones "antiodio" que terroríficamente solamente se activan cuando, por ejemplo, alguien se atreve a defender los principales fundamentos de la gran civilización judeocristiana; el populismo sexual comienza a intentar blanquear la pedofilia; y, mientras todo esto ocurre, no pocos "progresistas" exigen que se deje de comer carne o de viajar en avión para "cuidar el planeta", el presidente Sánchez se hace un selfi sonriente con Gran Canaria quemada de fondo, el presidente Macron llega al G7 escupiendo majaderías vacuas sobre los incendios de la selva amazónica y en la pequeña y decadente reunión que las "democracias liberales" mantienen en Biárriz, nadie, salvo Donald Trump, es capaz, no ya de articular soluciones ante problemas cruciales para nuestro futuro sino, simplemente, de nombrar los grandes desafíos que se ciernen sobre nuestros países, sobre nuestra cultura, sobre nuestra civilización.

Occidente, empequeñecido, noqueado y confundido, agoniza. Y, mientras lo hace, aplaude su quebranto a través de Twitter. Y lo que viene, ante nuestra indiferencia pretenciosa y prepotente es el totalitarismo neocomunista chino, es el totalitarismo islamista financiado por Arabia Saudí o Qatar y es la democracia autoritaria de Rusia.

No lo duden. Nos van a quitar la sonrisa idiota y socialdemócrata que tenemos en el rostro en menos de lo que se hace una generación.

El nuevo totalitarismo rojo

1) El nuevo totalitarismo rojo asoma sus pezuñas cuando, en aras de garantizar una presunta calma colectiva, sinónimo utilizado por las élites socialdemócratas para referirse a su tranquilidad, su estabilidad y su pervivencia, el entramado político-administrativo comienza a dictar con profusión todo tipo de leyes, normas y reglamentos tendentes a consolidar férreamente su gigantesco entramado partitocrático, multicultural, universalista, diversitario, irracional, demagógicamente tolerante y antioccidental. Cuanto más complejo, críptico y desconocido para los ciudadanos sea el nuevo cuerpo doctrinal de obligado cumplimiento, más fácil resultará acallar las críticas, silenciar a los heterodoxos, enmudecer a los discrepantes y encarcelar a quienes tratan de cuestionar el nuevo orden moral que buscan imponernos.

2) El totalitarismo rojo mana y se hace fuerte en el proceso de putrefacción generalizado que padece la libertad de expresión a manos de la corrección política, tanto en la mayoría de los medios de comunicación como en las relaciones entre los ciudadanos y de los ciudadanos con las instituciones. Bien entrado el siglo XXI, la laminación de la libertad de expresión se realiza con la limpieza quirúrgica de un bisturí colectivo que implica que, cada vez en mayor medida, existan una serie de verdades sagradas para el consenso socialdemócrata y la izquierda política occidental que solamente pueden cuestionarse poniendo en riesgo la seguridad personal, el prestigio profesional, la solvencia económica y la cordura intelectual del denunciante. Breves apuntes sobre algunas cuestiones que no pueden realizarse públicamente: denunciar en voz alta la ideología de

género como una nueva y gigantesca trampa impositiva de la izquierda neocomunista; declarar que la existencia de un presunto cambio climático de origen antropogénico es un engaño colosal absolutamente acientífico y defendido por investigadores, organizaciones, empresas, medios de comunicación e instituciones que han encontrado en esta cuestión una herramienta magnífica para dilapidar recursos públicos y obtener fácilmente premios, fondos, reconocimiento y prestigio; manifestar que el islam también puede ser un movimiento político-religioso expansivo, conquistador y absolutamente incompatible con nuestras leyes democráticas, nuestras construcciones culturales y la tradición judeocristiana de nuestra civilización o constatar, por ejemplo, que la entrada de millones de inmigrantes ilegales en Europa implica indefectiblemente graves desafíos para la seguridad, para la cohesión institucional, para el mantenimiento de los recursos y para la estabilidad de nuestras sociedades.

3) El totalitarismo rojo surge a borbotones del encapsulamiento férreo de la libertad de expresión, pero se solidifica y se hace fuerte y demoledor cuando consigue eliminar la libertad de pensamiento y la libertad de cátedra. Actualmente, la práctica totalidad de la educación pública obligatoria, en España pero también en los principales países de la UE, se encuentra devastada por programas de adoctrinamiento ético y político minuciosamente diseñados desde las instituciones y entusiastamente puestos en práctica por ejércitos de docentes-activistas convencidos de que enseñar a los niños consiste en transmitir a éstos todo tipo de proclamas "progresistas", palabra contenedor que, en cualquier caso, siempre incluye un completo repertorio de los principales mandamientos del buen ciudadano socialdemócrata, comunista y de izquierdas.

Si esto ocurre en demasiados centros de enseñanza donde se educa a niños y adolescentes, no menos grave es lo que sucede en una gran mayoría de las instituciones universitarias occidentales, tanto públicas como privadas, donde ya no solamente se implantan a machamartillo los principios fundamentales dictados por el régimen políticamente correcto sino que, además, se censuran textos clásicos por "machistas", se prohíben investigaciones experimentales que no sean lo suficiente "diversas", se manipulan obras artísticas, se vetan exposiciones, se acalla a determinados profesores y se elimina de raíz, violentamente si es preciso, el derecho básico de los docentes "conflictivos" a participar en conferencias, congresos, encuentros profesionales o simposios internacionales. A lo largo de la historia, todos los proyectos totalitarios que en el mundo han sido, de Cuba a China, pasando por la antigua URSS o los infiernos islamistas de Irán o Arabia Saudí, se han caracterizado por coincidir en un objetivo fundamental: convertir sus guarderías, escuelas, colegios y universidades en cotos cerrados donde inculcar, modelar y hacer crecer los principios básicos del movimiento tiránico en cuestión.

4) Para conquistar el presente, el totalitarismo rojo necesita manipular el pasado para adaptarlo a su imagen y semejanza, justificando así su propia existencia. La elaboración de detalladas y liberticidas leyes de Memoria Histórica es un síntoma evidente de cómo los nuevos comunistas de hoy, como los viejos estalinistas de ayer, tratan de manipular y de censurar la historia para falsear la actualidad y diseñar un futuro al gusto de sus ensoñaciones fanáticas. Paralelamente, se crea una "neolengua", ya descrita magistralmente por George Orwell en su novela *1984*, en la que determinadas palabras ("ultraderecha", "discurso de odio", "franquismo", "inmovilismo", "xenofobia", "transfobia", etc.) pierden su significado tradicional para acabar

convertidas en balas con las que disparar a los disidentes, con las que eliminar las voces discordantes de quienes tratan de cuestionar las verdades establecidas por el nuevo régimen.

5) El totalitarismo rojo del siglo XXI busca el surgimiento de un nuevo ser (trans) humano, distinto, sin sexo, sin pasado, sin raíces, sin patria, sin naturaleza, sin padres, sin madres, sin hijos, sin familia, sin estirpes, sin cultura y sin tradiciones. Para ello, los nuevos sátrapas requieren de hombres y mujeres vacíos, aleccionados en la oclocracia y la incultura, fácilmente manipulables y adaptables a las necesidades de los múltiples ingenieros políticos y sociales que, con paladas y paladas de dinero público, pretenden diseñar la nueva utopía vacua de la fraternidad universalista y de la armonía globalizadora, allí donde todos seremos iguales en le mediocridad, en la miseria y en la esclavitud.

6) Vivimos tiempos totalitarios que buscan un cambio civilizatorio y, por ello, en este Occidente crepuscular se estigmatiza y se encarcela a quienes se atreven a defender la superioridad ética de... Occidente. Habitamos momentos terribles en los que se abonan todo tipo de irredentismos e involucionismos secesionistas de izquierda y de extrema izquierda porque, si éstos logran quebrar las naciones que alumbraron la gran civilización occidental, luego resultará mucho más sencillo dinamitar los valores políticos, sociales, culturales y religiosos que ésta ha generado a lo largo de los siglos. Destrozado el contenedor, desaparece el tan odiado contenido.

7) Bajo el totalitarismo rojo, las sociedades abiertas se han convertido en regímenes cerrados y tenuemente totalitarios, con apariencia falsa de libertad y con democracias débiles, donde los derechos individuales y las libertades públicas se hallan absolutamente sometidos a muy

concretas estrategias de poder de determinadas clases, colectivos y organizaciones. Las nuevas y exitosas castas diseñadas milimétricamente por la izquierda culturalmente triunfante se saben así legitimadas para imponer sus designios y caprichos, siempre generosamente subvencionados, al resto de los ciudadanos.

8) En gran parte de Europa occidental, y especialmente en España, la democracia se ha convertido en una partidocracia, y ésta ha derivado en una férrea ortodoxia que ha dinamitado la meritocracia para convertir nuestras instituciones en guiñapos al servicio de los más oscuros e inconfesables intereses políticos e ideológicos. Todo con un único fin: controlar la totalidad de los resortes y poderes del Estado para impedir cualquier posibilidad de discrepancia o desviación de los estándares impuestos por socialdemócratas y comunistas.

9) Que nadie se llame a engaño. Los suaves vientos totalitarios de hoy, arrastrados por un gigantesco movimiento ineptocrático e irracional que, en la mayor parte de los casos, y especialmente en España, ha colocado en los puestos de poder más relevantes a los hombres y mujeres más miserables, mediocres, incultos y fanatizados en las creencias y ocurrencias neocomunistas e involucionistas, solamente pueden alumbrar un cercano porvenir cargado de duras tormentas políticas, de fuertes tornados económicos y de dramáticas convulsiones culturales y espirituales. También un futuro de lucha por la libertad.

10) En este sentido, intelectuales de talla internacional como Gilles Kepel, Pietro Citati, Eric Zemmour o Alain Finkielkraut, entre otros, ya han advertido que nos encaminamos hacia un nuevo gran conflicto en Europa, y quizás en otras regiones del mundo desarrollado. Ninguna gran cultura de las que han hecho avanzar la humanidad ha

muerto sin luchar y la gran civilización occidental, que ha levantado el mundo que vemos a nuestro alrededor, no va a ser diferente. Ciñéndonos solamente al ámbito de la Unión Europea, hay ya demasiados territorios donde no llega, o lo hace muy difuminadamente, el peso de unos Estados presuntamente democráticos que cada se van haciendo más convulsos, más inanes y más inoperantes. De Cataluña a Molenbeek y de Marsella a Malmö, pasando por determinados lugares de Alemania o Gran Bretaña, nuestros países están dejando de serlo porque los derechos fundamentales ya no están en posesión de los ciudadanos que los conformamos sino en manos de múltiples comunidades perfectamente diferenciadas sobre cuyas demandas y exigencias permanentes, nunca saciadas del todo, las élites socialdemócratas, sean éstas de derechas o izquierdas, garantizan su supervivencia. El futuro se ennegrece porque los ciudadanos tenemos padres, madres, familias, estirpes, historia, tradiciones, costumbres y memoria, pero los nuevos protagonistas sobre los que el totalitarismo rojo desea levantar el futuro carecen de todo tipo de anclajes con nuestro pasado y con nuestro milenario legado ético, cultural y espiritual. La tradición occidental, y los valores a ésta asociados, ya no sirve para sus intereses espurios y globalizadores. Y, por ello, el totalitarismo rojo ha decidido apagar la luz y decretar la oscuridad permanente porque, como bien sabemos, de noche todos los gatos son pardos, y en ella las víctimas pueden ser confundidas con los verdugos, los auténticos hombres libres son identificados como peligrosos extremistas, los terroristas y sus apologetas son instalados en los Parlamentos y los muchos herederos de Lenin y Stalin pueden ser considerados, otra vez, como los grandes libertadores del siglo XXI. Que nadie lo dude: nuestros ancestros vivieron tiempos duros que crearon personas fuertes; esos hombres y mujeres fuertes crearon buenos tiempos; y esos buenos tiempos han creado tipos infames excelentemente representados por ruinas morales como las que hoy dirigen las principales instituciones de Europa. Una patulea de semejante calibre solamente puede crear, nuevamente, tiempos duros. Muy duros.

En contra del multiculturalismo

Hay palabras que viven instaladas en una bonanza que se les presupone y que permanecen cómodamente aposentadas en este prestigio convenciéndonos de que lo que significan y transmiten es algo absolutamente beneficioso para los seres humanos. Uno de estos vocablos tan bien acreditados es el de "multiculturalismo", concepto que la Real Academia Española de la Lengua define como la "convivencia de diversas culturas" y que, popularmente, se ha querido entender, equivocadamente, como un fenómeno que permite la "convivencia *positiva* de diversas culturas".

En 2002, el antropólogo español Mikel Azurmendi, por aquel entonces presidente del Foro de la Inmigración, levantó una gran tormenta política y cultural al declarar públicamente que la multiculturalidad encerraba, sobre todo, valores negativos, y que muy pocas cosas buenas se habían derivado de la misma. Rápidamente, pseudoprogresistas de todo pelaje, izquierdistas de salón, "expertos" en las más diversas disciplinas y políticos de las más variadas ideologías se apresuraron a denunciar estas afirmaciones contra la corrección política, a poner de manifiesto estentóreamente su disconformidad con el autor de *Estampas de El Ejido* y a exigir, incluso, la dimisión de éste porque, en opinión de todos estos presuntos especialistas en todo, oponerse al multiculturalismo es lo mismo que cometer un acto intolerable de racismo o de falta de respeto hacia otras culturas.

Pero la realidad es tozuda y el multiculturalismo, utilizado como ariete tanto por el totalitarismo islamista como por el totalitarismo de extrema izquierda, se reafirma una vez sí y otra también como algo profundamente contraproducente y negativo para el desarrollo de la convivencia en nuestras sociedades. Lo auténticamente enriquecedor para cualquier comunidad es el mestizaje, la mezcla, el cruce de individuos, la mixtura de orígenes y la coexistencia pacífica de hombres y mujeres procedentes de los más variados lugares. Pero el multiculturalismo es algo absolutamente opuesto a esta emulsión cultural, a este cóctel convivencial o al asimilacionismo o integracionismo que abanderan países como Estados Unidos.

El multiculturalismo, como ese organismo desquiciado y neocomunista que es la ONU, defiende la armonía entre las culturas, dando a entender, erróneamente, que éstas son todas igualmente respetables desde un punto de vista ético y permitiendo de este modo que cada una de ellas, independientemente de sus características, de su desarrollo y de su evolución, perviva junto a las otras en un proceso paralelo que no es ni de anexión ni de rechazo, sino que, generalmente, es de alejamiento, de extrañeza y de exotismo.

En este sentido, el multiculturalismo es el que ha propiciado que en capitales como Londres o París vivan ciudadanos de los más diversos países, de las más variadas culturales y de distintas tradiciones religiosas, pero que en demasiadas ocasiones éstos habiten en estas capitales, o en tantas otras de la Unión Europea, en ámbitos cerrados al control democrático, en territorios opacos a nuestras leyes y en periferias remisas a nuestras más elementales normas de ciudadanía.

El multiculturalismo no alienta las fusiones culturales sino que alimenta la fisión de éstas en cotos deslavazados y desconectados entre sí, y es el principio político, social y cultural que permite, por ejemplo, que en los principales Estados democráticos europeos se esté produciendo un día sí y otro también, afrentas gravísimas a los derechos humanos más elementales, ataques sexistas, acometidas homofóbicas, apologías de múltiples ideolo-gías totalitarias y conductas terroristas que embisten directamente contra los pilares sobre los que se asienta nuestro sistema de libertades.

Avalado por el planteamiento perverso de que "todas las ideas son iguales" y de que "todas las tradiciones y culturas merecen el mismo respeto", el multiculturalismo, envuelto en ritos religiosos medievales, en violentas costumbres ancestrales o en hábitos éticamente indecentes, ha permitido que en extensas áreas de algunas de las principales capitales de la Unión Europea se haya suspendido, de facto, el Estado de derecho.

Quienes nos mostramos contrarios al multiculturalismo defendemos que la recepción en nuestras ciudades y naciones de individuos con diferentes tradiciones ideológicas, culturales y religiosas debe hacerse con el máximo respeto hacia las creencias privadas de los recién llegados pero que, además, debe hacerse con el respeto máximo por parte de todos a unas leyes y normas básicas, que son la esencia de lo que definimos como "Occidente", y que han de aplicarse a todos por igual, que han de ser de obligado y común cumplimiento y que no pueden hacer ninguna excepción dependiendo del origen cultural de cada individuo. Todo ciudadano, independientemente de dónde provenga, de la lengua que hable, del bagaje cultural de que disponga o de la religión que profese, es una aportación enriquecedora para nuestra comunidad, pero, por ello mismo, todos los individuos debemos respetar y acatar, por encima de cualquier otro, los valores fundamentales de nuestra civilización.

La Tercera Guerra Mundial consiste en esto

Resulta demasiado habitual que políticos, intelectuales y personalidades públicas afirmen demagógicamente que toda crítica realizada al islam es exagerada, provocadora y fuera de tono, y que es necesario mantener con esta religión el mismo trato que en la mayor parte de Occidente se mantiene con otras creencias religiosas, especialmente, por su gran expansión, con el cristianismo. No es cierto. La religión islámica merece ser sometida a férreos análisis críticos, pero, además, las instituciones occidentales han de prestar una atención estricta y sin concesiones al hecho de que quienes profesan esta creencia no socaven, en su ejercicio, pilares fundamentales de nuestras democracias o de nuestro sistema de libertades.

Ningún ciudadano europeo critica a un musulmán, simplemente, por creer en otro Dios, por escuchar a otro profeta o por atender a unos códigos religiosos diferentes, sino que el problema se establece en el momento en el que algunos fieles musulmanes, cuando viven y trabajan en Europa, quieren extender las exigencias propias de su fe particular (excluyentes, intolerantes, fanáticas y profundamente agresivas con respecto a las mujeres, pero también en relación con otros grupos sociales) al resto de los ciudadanos y, lo que es peor, a los ordenamientos jurídicos de los países que les acogen.

Ciertamente, entre nosotros no faltan iluminados que, en base a un falso progresismo, a una torticera interpretación del multiculturalismo y a un perverso relativismo ideológico que, al final, siempre acaba confundiendo la tolerancia con la injusticia y la libertad de credo con el integrismo, defienden que el islam más radical pueda expandirse por Europa y América sin ningún tipo de control político, judicial o policial. Pero quienes abogan por este respeto petulante a las creencias de los otros (especialmente cuando los otros son musulmanes, no cuando se trata de cristianos o ju-díos, por ejemplo) han de entender que quienes señalamos que lo que está en juego actualmente es la supervivencia de la civilización occidental, y de los valores esenciales de ésta, frente a los continuos ataques liberticidas, sectarios y fanáticos del islamismo más radical, solamente estamos advirtiendo de algo que los propios yihadistas ya tienen asumido como el principal objetivo de su vida: la destrucción última de nuestro "pecaminoso" sistema de convivencia.

Un ejemplo. El pensamiento del islamista Mohamed Bouyeri, que el 2 de noviembre de 2004 asesinó en una calle del centro de Ámsterdam al ci-neasta y agitador cultural Theo Van Gogh, fue analizado por un experto en el islam que envió su informe al Tribunal que al final condenaría al criminal a cadena perpetua.

Ruud Peters, que así se llamaba el profesor encargado de analizar para los jueces las referencias ideológicas del asesino Bouyeri tomando en cuenta las cartas, las reflexiones y las anotaciones dejadas por éste, explicó en su informe que Mohamed Bouyeri había comenzado por rechazar los valores occidentales. La siguiente etapa fue su rechazo al Estado democrático y a las instituciones legales de éste. Más tarde, explica el profesor Peters, Bouyeri hizo un llamamiento a la "yihad global" en contra de la democracia. Finalmente, el criminal abogó por la violencia frente a aquellos individuos que hubieran "insultado" al islam o al profeta. Unos meses más tarde, Mohamed Bouyeri, un joven de 27 años nacido, criado y educado en Holanda, asesinó a Theo Van Gogh descerrajándole siete disparos y, posteriormente, degollándolo en medio de una calle de Ámsterdam. En el juicio, Bouyeri anunció ante el Tribunal que estudiaba su caso que no se arrepentía de nada de lo que había hecho y que, si era puesto en libertad, volvería a hacer lo mismo.

El principal freno que existe en Occidente a la lucha contra el totalitarismo islamista y, consecuentemente, contra el terrorismo yihadista, se encuentra en el interior de nuestras sociedades. Abunda entre nosotros un falso, ignorante y pretendido progresismo, patrocinado especialmente por los partidos de izquierda y las formaciones nacionalistas, que se ha convertido en un pozo ética e ideológicamente hediondo en el que preservar los valores occidentales, proteger las libertades individuales y defender la democracia tradicional es un anatema para los defensores de lo "políticamente correcto". De este modo, y con una derecha ideológica y políticamente acomplejada ante los mitos intocables de la socialdemocracia, muy pocos entre nosotros se atreven a defender con contundencia los valores occidentales tradicionales, lo que ha abierto en Occidente el camino a una gravísima proliferación de los más variados procesos de radicalización y extremismo. El principal de ellos, aunque no el único, el islamismo.

Y es que el pensamiento débil e inerte que ese nuevo comunismo mal llamado socialdemocracia ha insuflado en Occidente en las últimas décadas ha abierto una vía fatal hacia la infantilización intelectual de nuestras sociedades, al quebranto del proyecto ilustrado y a un "todo vale" global que ha alcanzado límites de ruindad y demérito difícilmente superables. En este sentido, pretender una paridad radical de todas las ideas, presumir la nobleza de todas las opiniones y situar en un mismo plano ético a víctimas y verdugos supone arrasar los valores fundamentales de la modernidad occidental. Pero, sobre todo, y lo que es peor, implica proporcionar una carta de legitimidad absoluta a quienes, como los fanáticos islamistas, producen, alimentan y propagan proyectos de exterminio, de eliminación, de racismo, de discriminación o de aniquilación. Además, supone aceptar la aberrante idea de que quienes defienden estas opiniones bárbaras tienen tanto derecho a ser respetados como quienes desarrollan e impulsan criterios de respeto, de tolerancia y no atentatorios contra el resto de la humanidad.

Los bárbaros, los crueles, los fanáticos y los irracionales, por mucho que disfracen sus discursos de odio bajo los ropajes más o menos elegantes de la política, de la cultura o de las creencias religiosas, no pueden tener cabida entre nosotros. Y, por ello, Occidente debe lanzarse a la batalla.

Esto es, efectivamente, la Tercera Guerra Mundial.

Por este motivo, es necesario educar a nuestros jóvenes en la idea del máximo respeto a los derechos individuales de las personas y en la creencia de que éstos no pueden ser comparables a los "presuntos" derechos de una confesión religiosa, de un "pueblo", de una raza o de una determinada clase social.

Es necesario apoyar sin fisuras, tanto dentro de nuestros respectivos países como allí donde sea necesario, la lucha policial y militar más firme contra los procesos de radicalización y contra los movimientos totalitarios, tengan éstos el carácter que tengan.

Es necesario que los atentados terroristas sean juzgados como actos de genocidio; es necesario agravar las penas y castigos para quienes los cometen y, sobre todo, es necesario entender que es preciso legislar primero, y aplicar las leyes después, de tal modo que quienes buscan acabar con nuestra libertad y nuestra seguridad no se beneficie de ellas.

Es necesario asumir que Occidente está en guerra contra el totalitarismo islamista que se alimenta en los gobiernos lejanos de Irán o de Arabia Saudí, pero que también se sustenta en las mezquitas que nos son próximas, en las ayudas sociales que pagamos todos y que han alimentado durante años a decenas de terroristas islamistas que posteriormente han viajado a Siria o Irak a hacer su mortífera "guerra santa" y en los millonarios presupuestos públicos que legitiman un "multiculturalismo" vacuo que solamente demuestra una gravísima falta de confianza en nuestro sistema de convivencia y en las normas que protegen nuestros derechos y libertades.

Es necesario interiorizar que Occidente es, en esencia, la forma más y mejor elaborada de civilización que ha creado el ser humano y que, nuestro sistema de convivencia en libertad, por su capacidad para respetar todas las ideas y creencias, y por su apuesta sin fisuras por el libre pensamiento y la libertad de expresión, ha alcanzado los niveles más altos de desarrollo, progreso y bienestar. Y es necesario hacer saber al mundo que desde ahora mismo haremos todo lo necesario para defender este bagaje que nos hace grandes, fuertes y mejores.

Educación o barbarie

"Si uno empieza por permitirse un asesinato pronto no le da importancia a robar, del robo pasa a la bebida y a la inobservancia del día del Señor, y se acaba por faltar a la buena educación y por dejar las cosas para el día siguiente. Una vez que empieza uno a deslizarse cuesta abajo ya no se sabe dónde podrá detenerse. La ruina de muchos comenzó con un pequeño asesinato al que no dieron importancia en su momento"
(Thomas De Quincey, 1785-1859)

La educación, entendida como el conjunto de normas básicas de comportamiento que ayudan a la convivencia entre los seres humanos, se nos aparece a estas alturas de nuestra historia como un valor más bien escaso, siempre presente por la gravedad de su ausencia y especialmente degradado en colectividades donde el recurso a la violencia, a la agresión, a la anomia y a la oclocracia se ha convertido en moneda habitual de cambio. En este sentido, las quiebras y las fallas habituales en el contacto cotidiano con los demás (ya saben, no dar las gracias, no demandar las cosas por favor, gritar, no limitar el ruido, no saludar...), representan sólo simples anécdotas de mal gusto en zonas donde las relaciones con los "otros" se hallan tan diezmadas como para que se convierta en algo habitual el ataque físico al vecino que no comparte tus ideas, los insultos, las amenazas, las afrentas a las instituciones, los asaltos a las Fuerzas de Seguridad o las embestidas a los bienes colectivos.

Las conductas que definen el comportamiento civilizado entre los miembros de una comunidad han de ser claramente marcadas por la familia y la escuela y han de configurar los cimientos más sólidos de cualquier sistema de libertades. Por este motivo, su ausencia o desaparición, por perversión, degeneración, por descuido o por incultura, constituye hoy en día uno de los principales enemigos de cualquier nación que quiera mantenerse en el tiempo y que desee desarrollarse progresivamente incrementando el bienestar de todos.

Dicho todo esto, resulta tremendo constatar el proceso de aculturización y de degeneración educacional que se vive actualmente en España. Las infinitas barbaridades ideológicas y políticas que han sido validadas (cuando no directamente promovidas) por las instituciones, la semiaceptación general de que la utilización de la violencia (tanto física como verbal) es solamente "otra manera" de decir las cosas y la falta de una postura firme por parte de las autoridades democráticas ante los innumerables desprecios a la dignidad humana, al ordenamiento constitucional y a nuestros fundamentos civilizadores que se producen en nuestra tierra, son factores que están contribuyendo sobremanera al surgimiento de un espacio geográfico volteado, fantasmal y decadente en el que las relaciones entre los ciudadanos, las organizaciones y las administraciones no están marcadas por la cooperación o la búsqueda de acuerdos entre diferentes, sino por la sospecha, la desconfianza, el rápido recurso al insulto y la descalificación, y la amenaza permanente a la utilización de la fuerza.

La caída en esta espiral de despropósitos y de destrucción ética de la que hablamos resulta fácil de comprender. Si un bien supremo como el derecho a la vida es cómodamente quebrado por criminales de toda índole que posteriormente son justificados y alabados públicamente, si las escuelas se convierten en plataformas privilegiadas para los adoctrinamientos políticos más rastreros, si las universidades son nidos de corruptelas y de radicalidad ideológica y si, en general y repetidamente, la estabilidad social se ve atacada por múltiples especímenes irracionales que en escasísimas ocasiones padecen su sanción, resulta lógico que, a fuerza de insistir en la ignominia, al final se hayan impuesto la vulgaridad más abyecta, la ignorancia más dramática, el desconocimiento más zafio y la intimidación y la corrupción como las opciones más rápidas para conseguir lo que se desea a cualquier precio.

La familia y la escuela son las responsables de que la educación sea realmente un baño de civilización que la mayoría de los individuos adquirimos para evitar los muchos roces, colisiones y conflictos que pueden surgir en sociedades complejas como en las que hoy convivimos los ciudadanos. Cuando esta pátina de seguridad se resquebraja tolerando lo inadmisible y justificando lo injustificable se entra en una dramática caída hacia el envilecimiento que luego siempre resulta muy difícil, cuando no imposible, detener. Si nos fijamos bien, en España especialmente, pero también en demasiados lugares de Europa y Estados Unidos, ya hemos traspasado numerosos niveles de seguridad en este camino que nos lleva inevitablemente a las más altas cotas de la estulticia y de la miseria. Cada vez que se falta al respeto de un profesor coaccionándole impunemente, en cada ocasión en la que un adolescente desprecia a sus mayores insultándoles en la calle, en el momento en el que se atacan iglesias que representan las legítimas creencias de mucha gente, cuando se desecha toda la civilidad que guarda un museo o cuando se profanan tumbas, se mutilan estatuas, se destrozan servicios públicos o se manipulan libros de texto, se están cometiendo actos delictivos (o casi) que deben ser sancionados penalmente, pero, además, se está inyectando en el cuerpo social un acervo de comportamientos caóticos, desaprensivos e indecentes que, en poco tiempo, siempre acaban por contaminar en mayor o menor medida todas las relaciones que vertebran y definen a una determinada comunidad.

Que nadie se llame a engaño. Detrás de un joven que desestima con desdén a un maestro se encuentra otro chaval que dibuja dianas "Antifa" o proterroristas en el instituto; a las espaldas de un ciudadano que hace caso omiso a las indicaciones de un policía se esconde otro cuyo principal objetivo es asesinar a representantes de las Fuerzas de Seguridad; por debajo de cada desavenencia no resuelta por vías civilizadas se halla la pérfida idea de que la solución a muchos problemas es más efectiva empleando alternativas más crueles y, en fin, en los cimientos de muchos comportamientos ariscos, barriobajeros y patéticamente bravucones de no pocos de nuestros actuales "líderes" políticos, sociales, empresariales y culturales pueden rastrearse indefectiblemente las huellas clarísimas de una familia dimisionaria, de una escuela ideológicamente manipuladora y de una universidad fracasada.

Entender la educación individual como la manera más elaborada del respeto hacia los semejantes, comprender que ésta es básica para una convivencia en libertad, y asumir, por otro lado, que cada acto de incorrección con los otros, sea éste destructivo o no, nos acerca un poco más a la brutalidad de la selva, son elementos que, junto con otros muchos, resultan básicos para demoler los pilares de la violencia. Para comprobar el fenómeno, basta con preguntarse, simplemente, quiénes son, a quién sirven, qué pretenden y a qué ideologías totalitarias responden, los políticos, los 'activistas', los agentes sociales y los "influencers" más groseros, zafios, inciviles, violentos y radicales de nuestro entorno. El periodista y escritor Arturo Pérez-Reverte, tiene la respuesta: "Hemos creado generaciones de españoles sin memoria histórica real, sin los conocimientos básicos que hace que el hombre sea libre intelectualmente. Esa orfandad nos pone en manos de los canallas y los populistas y me temo que el futuro no es muy halagüeño. Un pueblo inculto y con escasa educación genera siempre una democracia de baja calidad".

La nueva normalidad es un viejo totalitarismo

Mientras escribo estas líneas, tres personas acaban de ser asesinadas en la Catedral de Notre Dame de Niza (Francia) por un terrorista islamista armado con un cuchillo de grandes dimensiones, millones de hombres y mujeres permanecen obligatoriamente encerrados en sus casas y otros tantos se pasean por nuestras calles con los rostros cubiertos, separados unos de otros y mirando al suelo temblando por un futuro que no tienen. Al mismo tiempo, desde Turquía y Pakistán se apela casi a la guerra santa contra Occidente por la defensa que algunos países de la UE todavía hacen de la libertad de expresión, las sirenas policiales se repiten cansinas en las calles silenciosas, en las televisiones públicas españolas se retransmite en directo una rueda de prensa de Nicolás Maduro y, en el País Vasco (España), desde donde les cuento esto, las únicas personas que pueden romper los confinamientos municipales y autonómicos son aquellas que a) tienen familiares en la cárcel -para ir a visitarlos a las prisiones donde se hallen-; b) los musulmanes -para ir a comprar productos halal donde puedan encontrarlos-; y c) los miembros de partidos políticos o sindicatos -para que puedan realizar sus "actividades institucionales"-.

En este caos global, países europeos como España o Francia se abonan a la ruina más absoluta al endeudarse por generaciones, profesores son decapitados a pocos kilómetros de París al grito de "Alá es grande", Estados Unidos sufre el peor ataque neocomunista en décadas, las iglesias arden por doquier, las estatuas que recogen nuestra tradición se derriban entre algaradas salvajes, la cultura clásica se cancela, las identidades sexuales estallan, los delincuentes son ascendidos a los palacios, la Policía es despreciada, el ser humano implosiona y la información, al ser triturada, procesada y correctamente empaquetada por los grandes medios de comunicación del sistema, se convierte en una masa infame de estiércol adoctrinador. Los Gobiernos presuntamente democráticos se transmutan en movimientos oclócratas o demagógicamente populistas, se demuelen los principios educacionales básicos de las escuelas, los referentes científicos se hunden puestos rastreramente al servicio del inmenso poder de dominación socialdemócrata, la tecnología naufraga por los nuevos movimientos maquinistas que se comunican a través de Facebook y la amenaza del hundimiento general de una sociedad, de nuestra sociedad, sacude las pocas conciencias alertas y comprometidas que todavía quedan. La gran orquesta de la ignorancia convertida en ignominia, de la sinrazón ideológica, de la vacuidad política, de la laxitud ética, del apaciguamiento cobarde y del silencio cómplice sigue tocando su empalagoso vals asexuado, conformista, sumiso, resiliente y empoderador mientras el gran Titanic de lo que un día fue la gran civilización occidental se hunde en el hielo sin que nadie derrame una triste lágrima por su desaparición.

Que nadie se llame a engaño. La pandemia del Covid-19 es tan real como los cientos de estudios, análisis, investigaciones y ejercicios de predicción del futuro que se han realizado a lo largo de las últimas décadas previendo que alguien liberara en un acto de guerra biológica un virus como el SARS-CoV-2, que éste escapara accidentalmente de un laboratorio de alta seguridad, que se generara espontáneamente en la naturaleza o, incluso, que pudiera llegar a través de un meteorito o como un chicle orgánico adherido a los restos de un satélite en desuso caído sobre la Tierra. La intensificación del comercio mundial, la expansión de las multinacionales globales, el crecimiento exponencial del turismo planetario, la globalización de los contactos y la mundialización de las redes sociales hacían cada vez más que probable que ocurriera lo que finalmente ha sucedido. Lo previeron no solamente algunos grandes escritores de ciencia-ficción sino también agencias de inteligencia, expertos en prospectiva, ensayistas del porvenir, visionarios altamente lúcidos y tecnocientíficos especialmente dotados para extraer conclusiones certeras de múltiples premisas aparentemente contradictorias. Al parecer, hasta el profeta Isaías lo barruntó en el versículo 26:20 del Libro que lleva su nombre: "Ve pueblo mío, entra en tu casa y cierra las puertas detrás de ti. Escóndete un poco, hasta que pase la cólera del Señor". Lo que nadie fue capaz de adivinar es que el 'coronashock' presente sería utilizado por una multiplicidad de enfermedades oportunistas para, aprovechándose de los bajos niveles de defensa de nuestras sociedades, introducirse en nuestro organismo civilizacional haciéndolo colapsar primero y morir después.

De este modo, el Covid-19, presuntamente nacido en un laboratorio chino, escapado de China y expandido por el planeta gracias al oportuno silencio chino en los primeros momentos del contagio desatado, es una bomba de efectos retardados que progresivamente liquidará y disolverá lo poco que va quedando de todo lo grande, bello y espiritual que un día fuimos. No será así por la especial capacidad de infectiva del Covid-19 (apenas algo superior a la de la gripe) sino por su poder aterrador para provocar el colapso final de las estructuras de Occidente aprovechándose de imposiciones terapéuticas tan fanáticas como opacas, apoyándose en los muchos pilares autoritarios que tiene la actual gobernanza socialdemócrata, utilizando el inmenso desarme ético que sufren millones de ciudadanos europeos, empleando el miedo generalizado a lo desconocido como herramienta de dominación y urdiendo sibilinamente una "nueva normalidad", un "gran reinicio" colectivo que sigue miméticamente el trazado del gran modelo civilizacional instaurado por el Partido Comunista chino del siglo XXI: exclusivas élites políticas, sociales, económicas y culturales, endogámicas y dominantes; capitalismo salvaje, expansionismo agresivo, hipervigilancia de la ciudadanía, masas acalladas, libertades mermadas e imposición doctrinaria.

Parafraseando al filósofo italiano Diego Fusaro, lo que está emergiendo fruto de la alianza del nuevo comunismo con el turbocapitalismo financiero es una nueva y aterradora realidad tan perfecta como el virus del Covid-19: gobierna a través del terror y la emergencia permanentemente impuesta, induciendo a las masas dramáticamente asustadas y empobrecidas a aceptar decisiones drásticas y antidemocráticas como el único salvavidas para asegurar las vidas. En nombre de la contención del virus y de la seguridad sanitaria, se legitima la expropiación de la democracia y de los derechos más elementales, así como la creciente violación del espíritu y la letra de la Constitución. Dice Fusaro en un reciente artículo que hemos publicado en nuestra revista *Naves en Llamas*: *"La emergencia -es necesario repetirlo hasta la náusea- es hoy un método de Gobierno. Y si logra convertir lo inadmisible en inevitable, lo hace porque lo presenta como limitado en el tiempo, como válido para el corto período de la crisis. Lo que no se dice, por supuesto, es que la crisis nunca terminará y, con ella, lo inadmisible se convierte en inevitable. La emergencia, por si fuera poco, hace invisible para la mayoría el verdadero carácter autoritario que asume el poder: ejércitos en la calle, toque de queda, prohibición de reunión pública, son medidas que, sin el relato de la emergencia, bastarían para identificar un régimen autoritario en sentido pleno y que, en cambio, en complicidad con la emergencia, aparecen como medidas de protección bien justificadas y para siempre"*.

Una breve información publicada recientemente de modo casi oculto por los periódicos londinenses representa a la perfección cómo la tiranía y la autocracia crecen a nuestro alrededor sin que apenas nadie se dé cuenta. El ministro de Vivienda británico, Robert Jenrick, y el comisionado de West Midlands (centro de Inglaterra), David Jamieson, que llevan meses animando las delaciones vecinales, apuntan ahora al corazón mismo del fin de año cristiano: *"La Policía tendrá el poder de entrar a las casas particulares si hay sospechas de reuniones de más de seis personas y, en ese caso, incluso interrumpir la cena de Navidad"*. Este tipo de iniciativas, que se están extendiendo de forma viral (y nunca mejor dicho) por las legislaciones europeas, han sido expresamente denunciadas por Jorge Buxadé, europarlamentario de Vox, en la Cámara comunitaria: *"Los derechos importantes están siendo puestos en riesgo ahora por los principales Gobiernos europeos: la dignidad humana, la vida, el derecho a las relaciones familiares, la libertad de expresión, la libertad de información o la libertad religiosa y de pensamiento. Los estados miembros de la UE han aprovechado la pandemia en numerosas ocasiones, y España es un ejemplo evidente de ello, para producir restricciones y violentar los derechos y libertades con la excusa de los confinamientos sanitarios"*.

Y es que, efectivamente, el Gobierno español formado por el PSOE y Podemos, y especialmente por personajes de libro estalinista como Pedro Sánchez y Pedro Iglesias, representa excepcionalmente bien esta hecatombe de la libertad y la inmensa amenaza global que los nuevos comunistas o los viejos socialdemócratas representan para la democracia; una amenaza que, aunque nacida antes del Covid-19, ha llegado a su paroxismo e intensificación aprovechando la intensa y acelerada disolución social, económica y cultural que está provocando la pandemia.

Como buenos socialistas, ambos son absolutamente impermeables al rastro de muerte que dejan a su paso (casi 100.000 españoles fallecidos bajo su mandato por el Covid-19 y el Presidente se permitió ladrar ese miserable y ruin "¡Viva el 8M!" poco después de disfrutar de 16 días de vacaciones estivales); ambos tienen idéntica desvergüenza para, aliándose con filoterroristas, radicales y fanáticos de todo tipo y condición, poner las instituciones democráticas a su servicio, en no pocos casos bordeando o saltándose las leyes; ambos tienen el mismo rostro pétreo para tapar un escándalo con otro, para desmentir con rotundidad lo que ayer afirmaron con la misma rotundidad; ambos, manipulando la historia y mancillando la libertad de expresión, exhiben las mismas pulsiones dictatoriales, supremacistas y totalitarias que han traslado a sus respectivas formaciones políticas convirtiendo a éstas en asociaciones al borde de la legalidad; ambos muestran ante los ciudadanos honrados el mismo aire chulesco, barriobajero y cobarde de los fanfarrones de pacotilla que se creen impunes por pertenecer a una casta superior; ambos, que coinciden en la brevedad de sus currículos profesionales, exhiben también idéntico desprecio a la meritocracia, al esfuerzo y al trabajo, tanto individual como colectivo, lo que les lleva a exclamar satisfechos ese insultante "salimos más fuertes" por encima del peor panorama económico de las últimas décadas, por encima de la destrucción de decenas de miles de empresas (a las que odian) y por encima de la aniquilación profesional de un millón de profesionales autónomos (a los que también odian).

Ambos, en fin, Pedro y Pablo, Pablo y Pedro, son representativos, en el panorama político nacional, en sus respectivos partidos y en el Gobierno español y en no pocos Gobiernos autonómicos y municipales, de todos esos múltiples afluentes que como señalábamos anteriormente dan rostro a la izquierda posmoderna que es ya el gran enemigo global de la civilidad: son neocomunistas que mantienen fuertes lazos con la Venezuela bolivariana; son comunitaristas, reivindicando a su favor a todo tipo de colectivos revolucionarios, del Movimiento LGTB al Feminismo, pasando por los movimientos raciales o, incluso, blanqueando a determinadas organizaciones filoterroristas; ambos son siervos de los especuladores multimillonarios globalistas, a quienes reciben ocultamente en sus salones, que alimentan económicamente sus proyectos políticos y que sub-vencionan gustosamente sus idioteces solidarias y "buenistas"; ambos son también excelente aliados del islam, bien directamente, aceptando mansamente subvenciones de países como Irán, tal y como hizo en su momento el vicepresidente, o bien solidarizándose con los principios ideológicos de éste, como hace habitualmente el Presidente; ambos, son, en fin, Pedro Sánchez y Pablo Iglesias, Pablo Iglesias y Pedro Sánchez, los rostros de ese nuevo totalitarismo que está dibujando el siglo XXI y que, en el fondo, es un cóctel amenazante de miseria, integrismo y muerte que incluye chorros generosos de marxismo barato, notas de islamismo revolucionario, vertidos golosos de financiación George Soros, efluvios de narcotráfico internacional, gotas de terrorismo presuntamente revolu-cionario, semillas de antioccidentalismo ignorante y sectario y finas rodajas de burdo relativismo, de grosero pensamiento débil y de una tan picante como dañina oclocracia universal.

No lo olviden. Nos hallamos bajo un Estado de Alarma prácticamente indefinido y bajo el que estos dos miserables, Pedro y Pablo, Pablo y Pedro, con apoyo o el silencio cómplice del Parlamento y la Judicatura, acumulan prácticamente todo el poder. ¿Qué podrá ir mal? Feliz Navidad.

Una España fallida, neocomunista y distópica

Mientras la España socialista comienza a parecerse cada vez más a un vomitivo Estado fallido de tintes bolivarianos y los buitres geoestratégicos se preparan para repartirse los despojos de un país que un día fue clave para la historia de Occidente, el presidente del Gobierno, Pedro Sánchez, bordeando el delito de alta traición, no solamente rehúsa a hacer frente con todos los recursos a su disposición a la insurrección independentista catalana sino que, además, y en una de las aberraciones políticas más notorias que se ha fraguado en las últimas décadas, gobierna el país con el apoyo carísimo de todos los partidos golpistas, filoterroristas y de extrema-izquierda presentes en el arco parlamentario nacional.

A estas alturas de lo padecido, y al mismo tiempo que el Ejecutivo de Pedro Sánchez se jacta de poner a la Justicia bajo su bota totalitaria, las principales instituciones españolas se revelan ante los ojos pasmados de millones de ciudadanos como entidades radicalmente ineficaces e incapaces de proteger los valores más elementales sobre los que se levanta nuestra Constitución, y, sobre todo, como inútiles organismos burocráticos bien anclados y adocenadas allí donde las élites políticas, económicas y culturales se agazapan cuando todo lo que importa a los hombres y mujeres que día a día hacen España es destruido y quemado por las hordas sediciosas, antisistema y radicales que campan a sus anchas y en la más absoluta impunidad.

El Estado español comenzó a encogerse, a hacerse realmente inmerecedor de dicho nombre, hace ya demasiados años, cuando las primeras víctimas del terrorismo etarra comenzaron a vagar por nuestras ciudades sin ningún apoyo institucional, ocultando su condición de víctimas y casi pidiendo perdón por ser familiares de un guardia civil asesinado, de un empresario torturado, de un funcionario secuestrado o de alguien que, simplemente, se encontraba en el momento equivocado en el lugar menos indicado. Sí, el Estado español comenzó a menguar con esos complejos y con esas miserias y, a partir de ahí, se puso en marcha un proceso de descomposición social lento y moroso, pero imparable, que ahora llega a su final alumbrando una infernal geografía de territorios perdidos en la que millones de niños no pueden educarse en español en España, en la que leyes y normas difieren según el lugar del país que se habite, en la que poderosos reinos taifas independentistas cuestionan un día sí y otro también el orden constitucional sin que sufran ninguna consecuencia por ello y en la que apenas quedan elementos comunes que den cuerpo a la nación. En este magma, los que siguen son proyectos normativos que ya está pergeñando el Ejecutivo neocomunista de Sánchez e Iglesias: otorgar el derecho a voto a los adolescentes de 16 años, acabar con los colegios concertados, controlar la libre difusión de informaciones y de opiniones, aumentar los impuestos, multiplicar el gasto público, vaciar las cárceles de presos (especialmente de ETA), imponer un nuevo rosario de leyes coercitivas para luchar contra un inexistente cambio climático, reescribir la historia implantando e imponiendo una nueva memoria colectiva, reducir las horas de empleo, regalar dinero a quienes no deseen trabajar, afianzar a machamartillo todas y cada una de las necedades relacionadas con la ideología de género, imponer (muchas) restricciones a la propiedad privada, proteger la 'okupación', castigar la creación de empresas y cortar de raíz cualquier posibilidad de que la meritocracia triunfe sobre la mediocridad. Estos son algunos de los puntos básicos sobre los que se levanta el Gobierno de extrema-izquierda con el que el Partido Socialista y Podemos, y toda su patulea de corifeos, maltratan y quiebran a España.

Poco a poco, según van pasando los años y las décadas, vamos dejando atrás numerosos de los grandes futuribles plasmados a lo largo del tiempo por la literatura y el cine, desde el *1984* de George Orwell al San Los Angeles de *Blade Runner*, pasando por la epopeya espacial de *1999*, el extraño *Regreso al futuro* que tenía lugar en el año 2015 o los *Días Extraños* de Kathryn Bigelow que explotaron en 1999. Pero, ahora, en este 2020, socialistas asilvestrados y fanatizados, comunistas tradicionales, comunistas bolivarianos, filoterroristas y un inmenso rosario de nuevos izquierdistas especializados en expulsar a los estercoleros de la "extrema-derecha" a todos aquellos ciudadanos que no comulgan con la corrección política, con la imposición doctrinal socialdemócrata diseminada por tierra, mar y aire desde los medios de comunicación del sistema (casi todos) o con el totalitarismo difuso manado desde unas instituciones dedocráticas mancilladas hasta la extenuación por un PSOE convertido en una secta que funciona por aclamación de sus bases, están conformando una nueva España (por denominarla de alguna forma) que se levanta, monstruosa, como la primera gran distopía socialista que surge en la Unión Europea en este siglo. Una pesadilla que la sociedad española, representada por una Monarquía dimisionaria, un Estado vendido al mejor postor, un entramado de grandes partidos corruptos y millones de ciudadanos empeñados en lanzarse por el vacío de la oclocracia, parece haberse ganado a pulso y que se ciñe sobre nosotros con la inmensa negrura, el oscurantismo y la barbarie que solamente es capaz de generar una gran alianza nacional-socialista como la liderada por el PSOE con la aquiescencia cómplice del gran capital transnacional, con el silencio cobarde de la Iglesia católica, con el visto bueno de las instituciones comunitarias y con la sonrisa cínica de quienes aplauden tímidamente ante el pasear de un Rey que saben a ciencia cierta que está desnudo.

La idea de la España democrática, y sin duda también la de una Unión Europea con algún tipo de futuro para nuestros hijos, arde sin parar y con ella se quema uno de los grandes proyectos civilizatorios de Occidente, se dilapida un inmenso patrimonio inmaterial de valores, tradiciones, cultura e historia pacientemente levantado a lo largo de varias centurias y se pone punto final, con la aquiescencia cómplice y la renuncia interesada de quienes deberían liderar el sentido común, a una forma de entender el mundo que, al parecer, ya solamente es defendida y compartida por mujeres y hombres humildes, a los que nadie presta atención desde hace lustros, y que repiten muy alto y muy claro lo que nuestros gobernantes, del liviano Rey Felipe VI hacia abajo, no se atreven a gritar: que la Constitución debe acatarse sin dilación y defenderse con firmeza, que el Estado democrático debe prevalecer y que nuestra patria no puede morir arrasada por una vulgar y repugnante manada de bárbaros liderada por el socialista Pedro Sánchez y amamantada y crecida en buena parte en las escuelas y en las universidades que el ya citado menguante Estado español también en su día abandonó en manos de los más miserables, de los más fanáticos y de los más intolerantes.

Se aproximan tiempos duros. Muy duros. Se avecina una época cruel y corrosiva para nuestro legado civilizacional porque la morralla política que, legal pero ilegítimamente, ha agarrado a España del cuello viene cargada de leyes liberticidas, de decretos impositivos, de doctrinas incendiarias y de soflamas frentepopulistas, pero, sobre todo, viene pertrechada con un puñado de armas infames que deconstruyendo al hombre y la mujer, aniquilando la familia tradicional, convirtiendo la educación en adoctrinamiento, reescribiendo la historia, diluyendo y despreciando nuestra tradición judeocristiana y grecolatina, limitando la libertad de expresión "por nuestro bien", empequeñeciendo los derechos individuales de las personas, aumentando exponencialmente los presuntos derechos de determinadas minorías, poniendo trabas al desarrollo empresarial, limitando la propiedad privada, castigando a las víctimas y recompensando a los delincuentes, busca arrasar con la nación, el Estado, el entramado constitucional y la sociedad tradicional alumbrando un nuevo orden, que en realidad es muy viejo, en el que, de vez en cuando, todos habremos de repetir, unánimente y al ritmo que marcarán los medios de comunicación del sistema (casi todos), aquello de "la guerra es la paz, la libertad es la esclavitud, la ignorancia es la fuerza".

Hombres buenos en una tierra quemada

Conozco personas que se han negado ya a vivir este presente, que habitan fuera del tiempo y que se han instalado en una burbuja tan sólida como discreta que, resguardada por efectivos guardas de seguridad, sofisticadas alarmas y elevados alambres de espino, protege con mimo las esencias de un mundo ido para siempre. Son mujeres y hombres circunspectos y moralmente intachables que han decidido aislarse de las tormentas de detritos que se suceden un día sí y otro también escuchando el trisar de las golondrinas, cultivando pequeños tomates carnosos, bañándose en el mar cuando el día todavía no ha estallado y contemplando, con la lentitud de quienes saben que están admirando un pequeño milagro, el crecer de unos hijos que sin tardar demasiado habrán de abandonar el búnquer del hogar para habitar el nuevo mundo infame que las élites económicas, la partitocracia social-demócrata, los nuevos comunistas, los intelectuales sumisos y la necedad y cobardía del pensamiento políticamente correcto ha alumbrado para ellos. Una tierra quemada donde los ordenamientos democráticos nada valen, donde la oclocracia se ha adueñado de las instituciones, donde el pensamiento y las ideas se han travestido en tuits apenas balbuceados y en patéticas pancartas adolescentes y en la que el sentido común, el bien colectivo, el patriotismo, el idioma en el que nos susurraba nuestra madre, los valores de nuestros padres y el legado de nuestras estirpes se han arrumbado al rincón oscuro y apestado de la ultraderecha, de los "fachas" y de los "peligrosos populismos".

Sí, cada vez hay más gente que, a escondidas de la chusma, lee a Proust, saborea con timidez una copa de champagne y escucha a Mozart mientras abraza la realidad en las brasas vibrantes que doran unas verduras recién recogidas de un pequeño huerto. Estos seres anónimos, que todavía son pocos pero que acabarán convirtiéndose en un movimiento de reconquista, saben mejor que nadie que nuestro presente es un territorio infame, ideológicamente incendiario, culturalmente arrasado y económicamente arruinado, azotado, cada más frecuentemente, por una espesa lluvia totalitaria que nos empapa la existencia con leyes inescrutables, con órdenes duras que se transmiten como si fueran consejos blandos y con impuestos exponenciales que sufragan los caprichos de nuestras élites y las necesidades de las minorías privilegiadas que las sostienen en el poder. Aunque apenas los veamos a nuestro alrededor, nuestras calles comienzan a ser tomadas por ciudadanos anónimos, ayer invisibilizados y hoy convertidos en orgullos fantasmas, que al igual que los monjes medievales protegieron los saberes ancestrales de la llegada de los bárbaros, se dedican laboriosamente y en secreto a dinamitar las reescrituras manipuladoras de nuestra historia y a boicotear las constantes promesas de un nuevo orden futuro que recuerda demasiado al horror abisal del Partido Nacionalsocialista alemán y al terror arrasador del comunismo estalinista.

Mientras escribo esto, Cataluña arde arrasada por miserables, sediciosos y golpistas a los que durante décadas Gobiernos no menos miserables, por complicidad o cobardía, han alumbrado, alimentado y agasajado. Mientras escribo esto, los principales territorios de la Unión Europea, de Suecia a Francia, y de Londres a Bruselas, se ven atacados por un aumento exponencial, aunque siempre sin nombre, de la violencia, de la delincuencia y del terrorismo. Mientras escribo esto, Gran Bretaña busca confundida cómo seguir siendo una isla frente al hombre del castillo continental. Mientras escribo esto, mis amigos de Barcelona sienten que la ciudad que un día amaron, en la que crecieron, se casaron y dieron luz a sus hijos, ya no es la urbe que les vio nacer sino un pozo sin final de estulticia, fanatismo e ignorancia. Mientras escribo esto, recibo informes pasmosos de cómo la educación de nuestros jóvenes se ha convertido en puro y duro adoctrinamiento infantil, escucho llamadas a la ¿calma? y veo centenares de policías mal pagados, mal pertrechados, mal atendidos y siempre ninguneados a los que ahora se exige "defender el orden constitucional" ante un monstruo crecido por la estupidez de unos pocos, el interés geoestratégico de bastantes y el fanatismo integrista de muchos.

Mientras escribo esto, comprendo que los tiempos han cambiado, que no lo han hecho para mejor y que no pocos comienzan, comenzamos, a entender que es hora de regresar a casa. A nuestra casa, a nuestra familia, a nuestra burbuja, allí donde, en medio de la tierra quemada, todavía se siente el auténtico valor de las cosas pequeñas, la pasión por lo hermoso hecho cotidiano y el encanto de los objetos simplemente bellos.

Hoy entiendo mejor que nunca las razones por las que para los nuevos nómadas que han surgido como fruto de este comienzo desquiciante del milenio, nada hay importante que no se encuentre en el arco de lo que alcanzan sus brazos. Abrasados por lo que saben, perdidos en un tiempo que ya no es el suyo, carentes de agarraderas ideológicas en las que sujetarse, reacios a trepar por encima de todo y de todos y agotados de ver desmoronarse el mundo que un día quisieron hacer mejor, estos pequeños príncipes se han encerrado en su propio jardín de memorias, mitos y fetiches. Y en su aséptico espacio, alejados del ruido blanco de los mentirosos y de los manipuladores y de los aullidos de los integristas y de los ignorantes, leen a los clásicos, acarician libros viejos, admiran láminas de antiguas catedrales y museos, y se envuelven en una manta mientras acarician sus cuadernos cargados de recuerdos del ayer.

Sí, llega el invierno. Otra vez.

Elija la píldora roja*

"Esta es tu última oportunidad. Después de esto, no hay vuelta atrás. Toma la píldora azul: el cuento termina, despiertas en tu cama y creerás lo que quieras creer. Toma la píldora roja: permanecerás en el país de las maravillas y te mostraré hasta dónde llega la madriguera de conejos. Recuerda, todo lo que estoy ofreciendo es la verdad, nada más". (Matrix, Hermanos Wachowski, 1999)

Naves en Llamas nace porque día tras día vemos cosas que jamás creímos que volverían a ocurrir y que nos recuerdan demasiado a los tiempos nebulosos que antecedieron al nacimiento y desarrollo de los dos grandes totalitarismos que abrasaron Europa a lo largo del pasado siglo: el comunismo y el nazismo.

Naves en Llamas surge como una modesta herramienta periodística con la que dejar constancia aséptica de lo que intuimos como el comienzo del fin de la gran civilización occidental. Hemos visto nuestras principales ciudades ardiendo por los ataques de centenares de terroristas islámicos. Hemos visto cómo la democracia socialdemócrata se vuelve dimisionaria y estéril y frágil cuando debe plantar cara a la contundencia violenta de los nuevos bárbaros enviados por la eficaz alianza que las huestes de Marx y Alá han fraguado para acabar con nuestro legado.

Hemos visto cómo nuestra renuncia a defender los valores tradicionales que un día nos situaron a la cabeza del desarrollo ético universal y nuestro empeño en dinamitar los pilares judeocristianos y grecolatinos que llevaron a nuestras naciones a liderar la historia nos ha sumido en un indecente abismo moral difícilmente descriptible. Se trata de un pozo oscuro, relativista, líquido e intelectualmente inane en el que la libertad de expresión es pisoteada por los nuevos puritanos de lo políticamente correcto y en el que los derechos individuales son arrasados por los presuntos y tiránicos derechos colectivos de nuevos y casi infinitos grupos, tribus, manadas y colectivos siempre dispuestos a socavar la familia tradicional, la democracia liberal, el capitalismo como base de nuestra economía, la nación como contenedor crucial donde se encierra nuestra historia y nuestras raíces espirituales.

Hemos visto cómo Occidente calla, acepta y sucumbe ante el reemplazo planificado, masivo y constante de su población nativa con millones de seres humanos cargados de valores, creencias, tradiciones y costumbres absolutamente incompatibles con los nuestros y que, además, a lo largo de la historia, en los más variados lugares del mundo, han demostrado su enorme capacidad para infiltrarse, expandirse, atacar y conquistar el poder. Y hemos visto cómo todo esto ocurre con el silencio canalla y cómplice de los principales medios de comunicación de Europa y Estados Unidos, que si hace algo más de un siglo nacieron y crecieron apuntalando y constituyéndose en piezas básicas de nuestro sistema de convivencia, hoy se han convertido, en su gran mayoría, en sembradores de odio y difusores masivos de "fake news". De noticias falsas. De mentiras. Se trata de mensajes milimétricamente manipulados e insistentemente reiterados que tienen como único fin reescribir la historia y asentar un nuevo planeta groseramente globalizado, intercambiable y uniforme, en el que nuestra forma de vida, nuestra cultura, nuestro pasado, nuestras conquistas históricas y nuestras libertades tan duramente trabajadas a lo largo de los siglos nada valen frente a la mundialización vacua y el amoral pensamiento único promovido por el totalitarismo socialdemócrata actual, de Angela Merkel y Emmanuel Macron a Pedro Sánchez, pasando por George Soros, el Papa Francisco o la idiocia política que arrasa países otrora modélicos y hoy devastados por una caterva de instituciones tan "progresistas" como miserables.

Occidente acabará convirtiéndose en algo que todavía no conocemos porque el marxismo cultural que nos domina en alianza interesada con el islamismo político que va ganando más y más espacio en nuestros territorios son la nueva Matrix que trata de adormecernos, confundirnos y esclavizarnos, cambiando el sexo por el género, utilizando el feminismo radical como ariete contra la concepción de familia, empleando la corrección política como mazo para acabar con los discrepantes, destrozando el lenguaje, dinamitando nuestros grandes idiomas, humillando al 'hombre blanco' para diluir Occidente y, sobre todo, recompensando siempre a toda aquellos individuos, empresas u organizaciones que ayuden a dinamitar nuestra forma de vida, nuestras tradiciones y a nuestro Dios.

En la Matrix socialdemócrata, multicultural, burocratizada, buenista y demagógicamente integradora que nos rodea, por la que no pocos ciudadanos vagan permanente y literalmente drogados e hipnotizados por tuits absurdos y vídeos de gatitos, los problemas de verdad apenas son abordados y los falsos enemigos, engrandecidos hasta la caricatura o el ridículo, siempre pueden encerrarse en nombres propios, pancartas y soflamas que se repiten de voz en voz, de medio en medio, de forma tan falsaria como cansina: Donald Trump, la familia natural, la familia tradicional, la islamofobia, la oclocracia, la ultraderecha, Viktor Orbán, el hombre blanco, el hombre europeo, el hombre, el pasado clásico, el cristianismo, la iglesia católica y tantos otros que hoy dibujan la diana universal de todos los odios políticamente correctos.

Mientras tanto, como en los periodos más oscuros de nuestro pasado, aumenta la censura, se prohíben exposiciones, se acallan libros, se alteran y ocultan algunos grandes clásicos literarios, se tapan desnudos renacentistas, se aclama el velo islámico como un símbolo de la liberación de la mujer y se vetan anuncios publicitarios de jóvenes blancas en bañador, tal y como recientemente ha sucedido en Londres. En este mundo absurdo, volteado y demente que tratan de imponernos, los niños tienen vagina, las niñas, pene, la pedofilia se atisba ya como la futura gran revolución sexual, los países bolivarianos son paraísos de la libertad, verdugos terroristas son tratados con más respecto que sus víctimas y, por el contrario, pedir libertad para contar la historia como es, pedir libertad para gritar que el rey está desnudo, pedir libertad para poder adquirir armas de defensa, y, en fin, pedir libertad, simplemente, para hablar y para escribir sin miedo a que te llamen "facha", son reclamaciones "de odio" que pueden llevarte a la cárcel.

Naves en Llamas llega para, entre las primeras ruinas de lo que un día fueron las cimas éticas, políticas e ideológicas más elevadas de la Humanidad, seguir diciendo alto y claro que los valores sobre los que se levantó nuestra civilización occidental son superiores a cualesquiera otros que nos quieran imponer. Que somos milenarios de historia, que somos los herederos de los templos griegos, de los teatros romanos, de las capillas románicas, de las catedrales góticas, de los palacios renacentistas y de los conventos; que somos la fuerza telúrica celta y el misterio cristiano; que hemos inventado la música sinfónica, la imprenta y los periódicos, que somos la Ópera de Viena, los cafés de Berlín y el Arco del Triunfo; que honramos a la mujer, que nuestra cultura es la de la caballería y del amor cortés, que somos quienes imaginamos la primeras universidades y que somos los descendientes de Jesucristo, de Homero, de Virgilio, del Cid, de Leonardo da Vinci, Cervantes y Shakespeare. Que somos las carabelas cruzando el Atlántico, la furia vikinga y la conquista del nuevo mundo; que somos, en fin, Leónidas y sus 300 espartanos salvando a Grecia contra Asia; Escipión el Africano lanzando a Roma contra Cartago; Don Pelayo capitaneando la Reconquista; Godrefoy de Bouillon liberando Tierra Santa; los Reyes Católicos retomando Granada y don Juan de Austria venciendo a los turcos en Lepanto...

Hoy son demasiados, desde demasiados lugares, quienes nos anuncian que ha llegado nuestra hora. Nos piden, nos exigen, que olvidemos todo lo que fuimos y lo que somos, que nos avergoncemos de ello, que pidamos perdón y que Occidente se diluya en el tiempo como lágrimas en la lluvia. Es hora de morir, nos dicen, mientras sutilmente nos imponen un nuevo mañana que no tiene nada que ver con lo que un día fuimos. Pasen y vean. Elijan la pastilla roja, lean *Naves en Llamas* y contemplen, sin vendas, el mundo que están preparando para nuestros hijos.

** Artículo editorial que abría el primer número de la* Revista Naves en Llamas, *editada y dirigida por Raúl González Zorrilla*

Una religión socialdemócrata

El catolicismo se disuelve en nuestro convulso presente de la misma forma en la que el mundo que conocemos, que siempre habíamos tenido como seguro e inamovible, se desvanece entre nuestras manos. No pocos analistas temen que el catolicismo desaparecerá en las próximas décadas, en Europa y América, fundamentalmente por la presión demográfica y la fuerza expansiva del islam y de otras confesiones más agresivas a la hora de captar adeptos. Otros muchos, entre los cuales se encuentran destacados expertos en la historia de las religiones, temen que el catolicismo en particular, y el cristianismo en general, se diluyan en el gran mosaico del presente deconstruido por las novísimas, y siempre constantemente renovadas, tendencias espirituales, de los apologetas de la new age a los creyentes en los alienígenas ancestrales, pasando por los fieles seguidores del espíritu Gaia, los nuevos iluminados de la fuerza cósmica o los apologetas del alma de las cosas, entre otros muchos. Nada de esto es cierto. El catolicismo no desaparecerá porque previamente acabará transmutado, si es que no lo está ya, en la gran religión "oficial" de este nuevo orden mundial que padecemos y que mezcla con inusitada precisión dos partes de neocomunismo totalitario, un chorro generoso de ecologismo fanatizado, notas poderosas de globalismo económico, aderezos intensos de ideología de género, bondad vacua a mansalva, sentimentalismo barato que se contagia con la velocidad de un tuit y chorritos al gusto de ingente propaganda anti-occidental.

¿Cuándo comenzó todo esto? Vamos a hacer un poco de memoria. Nos dijeron que la historia había finalizado el 9 de noviembre de 1989 junto con la gran polvareda que levantó el Muro de Berlín en su caída. Nos lo creímos y, a partir de entonces, nos dedicamos a mirarnos el ombligo con la misma complacencia bobalicona con la que los nuevos ricos admiran su descapotable recién comprado y aparcado en la puerta para deslumbrar a los vecinos. Poco a poco, atorados en la complacencia, en la incompetencia y en el pensamiento débil, comenzamos a ver cómo nuestra renuncia a defender los valores tradicionales que un día nos situaron a la cabeza del desarrollo ético universal y nuestro empeño por dinamitar los principios judeocristianos y grecolatinos que habían llevado a nuestras naciones a liderar el gran relato vencedor nos sumía en un abismo moral difícilmente descriptible. Se trataba de un pozo oscuro, relativista, líquido e intelectualmente inane en el que la libertad de pensamiento y de expresión comenzaba a ser pisoteada por los nuevos puritanos de lo políticamente correcto y en el que los derechos individuales empezaban a ser arrasados por los presuntos y tiránicos derechos colectivos de nuevos y casi infinitos grupos, tribus, comunidades y colectivos siempre dispuestos a socavar la familia tradicional, la democracia liberal, el capitalismo como base de nuestra economía, la nación como contenedor crucial donde se encierran nuestra historia y nuestras raíces espirituales.

El Papa Juan Pablo II, primero, pero, sobre todo, el Papa Benedicto XVI, se dieron perfecta cuenta de que lo que comenzaba a ocurrir podía ser una quiebra histórica trágica, por supuesto, para la Iglesia católica, pero, sobre, para todo Occidente. Y, de hecho, lo advirtió muy claramente el cardenal Ratzinger en la misa que se celebró 24 horas antes del cónclave que lo elegiría Papa el 19 de abril de 2005: *"Cuántos vientos de doctrina hemos conocido durante estos últimos decenios!, ¡cuántas corrientes ideológicas!, ¡cuántas modas de pensamiento!... La pequeña barca del pensamiento de muchos cristianos ha sido zarandeada a menudo por estas olas, llevada de un extremo al otro: del marxismo al liberalismo, hasta el libertinaje; del colectivismo al individualismo radical; del ateísmo a un vago misticismo religioso; del agnosticismo al sincretismo, etc. Cada día nacen nuevas sectas y se realiza lo que dice san Pablo sobre el engaño de los hombres, sobre la astucia que tiende a inducir a error (cf. Ef 4, 14). A quien tiene una fe clara, según el Credo de la Iglesia, a menudo se le aplica la etiqueta de fundamentalismo. Mientras que el relativismo, es decir, dejarse 'llevar a la deriva por cualquier viento de doctrina', parece ser la única actitud adecuada en los tiempos actuales. Se va constituyendo una dictadura del relativismo que no reconoce nada como definitivo y que deja como última medida sólo el propio yo y sus antojos".*

Y es que casi cuatro años antes se habían producido los atentados islamistas contra Nueva York y Washington del 11 de septiembre de 2001. Pero Occidente, olvidando su germen en la vieja Cristiandad, había seguido mirando hacia otro lado mientras, poco a poco, fuerzas extrañas seguían avanzando en su discurrir por una agenda global muy concreta: reescribir el pasado y dibujar los primeros esbozos de un nuevo planeta groseramente globalizado, intercambiable y uniforme, en el que nuestra forma de vida, nuestra cultura, nuestro pasado, nuestra religión, nuestras conquistas históricas y nuestras libertades tan duramente trabajadas a lo largo de los siglos comenzaban a valer nada frente a una incipiente mundialización vacua y a una nueva forma de pensamiento débil, tan bien descrito por el filósofo italiano Giovanni Vattimo, que hoy contemplamos ya crecido y convertido en el gran pensamiento único que promueve el totalitarismo socialdemócrata actual, de Angela Merkel y Emmanuel Macron a Ursula von der Leyen y al peor de todos ellos, Pedro Sánchez, pasando por George Soros o la idiocia política que arrasa países otrora modélicos como Suecia, Canadá o Nueva Zelanda, y hoy devastados por una caterva de personajes e instituciones tan "progresistas" como miserables. Y ese viaje raudo en el que en apenas una década dimos la espalda a más de 2.000

años de historia, tradiciones, valores, costumbres y creencias, también lo ha realizado la Iglesia Católica en un tiempo similar, en los algo más de siete años que van desde la renuncia al Papado de Benedicto XVI, el 28 de febrero de 2013, hasta la actualidad, en el que el Papa Francisco parece estar respondiendo perfectamente a las pretensiones y los objetivos de quienes tan bien y tan meticulosamente prepararon su apostolado.

Y es que debemos recordar que el 20 de enero de 2018, un importante grupo de líderes católicos ponía en manos del presidente norteamericano Donald Trump un completo dosier informativo, obtenido a través de un profundo análisis de datos extraídos de la red Wikileaks, que revelaba que Barack Obama, Hillary Clinton y el especulador George Soros, mecenas de numerosas causas "progresistas" defendidas por la entonces responsable del Departamento de Estado norteamericano, orquestaron una estrategia en el Vaticano para derrocar al Papa Benedicto XVI. Para ello, utilizaron la enorme presión ejercida por la poderosa maquinaria diplomática y financiera impulsada por el Gobierno de EE.UU., en manos entonces del Partido Demócrata, y el Papa Benedicto XVI se convirtió en el primer Pontífice en renunciar desde el Papa Gregorio XII en 1415, y el primero en hacerlo por iniciativa propia desde el Papa Celestino V en 1294. Los denunciantes del escándalo basaban sus afirmaciones en conversaciones extraídas de los miles de correos electrónicos de John Podesta, asesor de Barack Obama, íntimo amigo de George Soros y jefe de campaña de Hillary Clinton, hechos públicos por Wikileaks, en la que había sido una de las mayores filtraciones realizadas por la red de Julian Assenge.

Según esta filtración, el trío Obama-Clinton-Soros, con la bendición del Partido Demócrata, buscaba cambiar para siempre lo que literalmente definía como "el régimen medieval en el que la Iglesia vivía bajo la influencia de Benedicto XVI" y buscaban "una completa revolución en el Vaticano, que habría de llegar de la mano del Papa Francisco". El "progresismo" norteamericano que giraba alrededor de Barack Hussein Obama estaba especialmente interesado en conseguir que el Vaticano se sumara a todo tipo de iniciativas ambientalistas globalistas (como así lo hizo el Papa Francisco tras su nombramiento hasta el punto de dedicar una Encíclica a la cuestión) y que la Iglesia se abriera, especialmente con su silencio y mirar hacia otro lado, a los postulados de la ideología de género más radical.

Los firmantes de la iniciativa para investigar estos hechos explicaron a Donald Trump cómo John Podesta reveló en un correo electrónico de 2011 que él y otros activistas estaban trabajando para llevar a cabo una "primavera católica" dentro de la Iglesia de Roma, una referencia obvia a los desastrosos Golpes de Estado que bajo el calificativo de "primaveras árabes" fueron impulsados ese mismo año por el Gobierno de Barack Obama, con el apoyo humillante e ignorante de todos los Ejecutivos socialdemócratas europeos, y que terminaron con el nacimiento de la milicia terrorista del autodenominado Estado Islámico, con el estallido de la guerra de Siria y llevando al poder de algunos países de Oriente Medio a movimientos islamistas radicales y grupos terroristas.

El correo electrónico de Podesta respondía a su vez a otro enviado por Sandy Newman, fundadora de *Voices for Progress*, otra iniciativa de extrema-izquierda financiada por Georges Soros, en el que ésta pedía consejo al asesor de Hillary Clinton sobre la mejor manera de "sembrar las semillas de la revolución" en la Iglesia católica. Podesta, incluso, explicaba que ya había puesto el tema en manos de Kathleen Kennedy Townsend, antigua gobernadora del Estado de Maryland (EE.UU.) y responsable entonces de los montantes económicos que el

Partido Demócrata dirigía a las causas afines y a las acciones en las que quiere dejar su sello rojo.

Benedicto XVI renunció poco más de un año después de este correo electrónico, y durante esos meses ocurrieron muchas otras cosas, alentadas todas ellas por el Ejecutivo de Barack Obama, y descubiertas gracias a Wikileaks: la NSA monitorizó el cónclave en el que se eligió al Papa Francisco, que acabaría convertido en una referencia ineludible de la izquierda mundial; las transacciones monetarias internacionales con el Vaticano fueron suspendidas durante los días previos a la renuncia del Papa Benedicto, y el entonces vicepresidente de Estados Unidos y hoy nuevamente candidato a la Casa Blanca por los Demócratas, Joseph Biden, se reunió con el Papa Benedicto XVI, en un encuentro cuyo contenido nunca se reveló con claridad.

De cualquier forma, y más allá de todo esto, debemos fijarnos en los más importante: los hechos. Y la realidad nos indica que lo que escuchamos a nuestro alrededor es un silencio sepulcral de la Iglesia católica ante el hecho indiscutible de que Occidente acabará convirtiéndose en algo que todavía no conocemos porque el marxismo cultural que nos domina es la nueva Matrix que trata de adormecernos, confundirnos y esclavizarnos, cambiando el sexo por el género, utilizando el lobby LGTB como ariete contra la familia natural, empleando la corrección política como mazo para acabar con los discrepantes, destrozando el lenguaje, humillando al 'hombre blanco' para diluir nuestro legado y, sobre todo, recompensando siempre a todos aquellos individuos, empresas u organizaciones que ayuden a dinamitar nuestra forma de vida, nuestras tradiciones e, incluso, a nuestro Dios. Y la realidad también nos hace escuchar, en ocasiones de una forma estruendosa, los aplausos, los vítores emocionados y los reiterados alaridos de apoyo que desde este planeta de los simios socialdemócrata, multicultural, burocratizado, buenista y demagógicamente integrador se lanzan al Papa Jorge Mario Bergoglio por su compromiso a activo y su denuncia, tan lastimera como reiterada, de todos esos "males" del mundo que solamente ven quienes desde sus aviones privados, desde sus puestos funcionariales en la UE y desde sus despachos en la ONU no padecen los auténticos problemas de verdad que se viven en las calles de verdad: la islamofobia, la oclocracia, la ultraderecha, Viktor Orbán, el hombre blanco, el hombre europeo, los hombres, el pasado clásico, etc... todo esto es lo que indigna al Papa Francisco, a tenor de sus constantes tuit-declaraciones, cada vez más parecidas a las de su querida amiga, y gran "intelectual" de estos tiempos oscuros, miserables y, sin duda, finales de todo lo que un día conocimos como bello y como bueno, Greta Thunberg. Dime quién te aplaude y te diré quién eres y de qué pecas.

La guerra cultural ha estallado y nos encontramos en los prolegómenos de un enfrentamiento histórico contra un nuevo totalitarismo más o menos blando que se extiende por el mundo liderado por un marxismo cultural que es la punta de lanza de un movimiento global anti-Occidente que se construye sobre varios elementos perversos: el apoyo a la inmigración ilegal, como forma de desgastar los valores tradicionales sobre los que se levantan los Estados liberales tradicionales; la utilización de la ideología de género más aberrante como herramienta básica para diluir el papel fundamental que desempeña la familia tradicional en nuestras vidas y en nuestras sociedades; la manipulación de las minorías raciales y sociales como instrumentos de ataque contra los Gobiernos democráticamente elegidos, y la islamofilia como pancarta disgregadora y destructora del bagaje espiritual e intelectual clásico sobre el que se levantan nuestras sociedades. Y, en esta batalla, la Iglesia católica, de manos del Papa Francisco, se ha puesto de perfil frente a una indecente alianza global entre Marx y Alá, santificada por lo políticamente correcto, impulsada por las élites mundiales social-demócratas, regada por recursos económicos de oscuros orígenes e hiperacelerada por el poder de las nuevas tecnologías de la comunicación, que se está convirtiendo, se ha convertido ya, en el principal desafío contra las democracias clásicas, contra nuestra tradición judeocristiana y grecorromana y contra los valores éticos y los mejores elementos socioculturales que han permitido a una buena parte del mundo alcanzar los mayores niveles de libertad, tolerancia, progreso y desarrollo de la historia. Sí, contra la Cristiandad.

El catolicismo no muere, sino que se transforma. Y se está convirtiendo en la nueva gran religión de quienes no tienen historia porque previamente la han manipulado, la han despreciado o la han quemado; de quienes no tienen esencia espiritual porque solo tienen múltiples géneros, de quienes no tienen familia, ni pueblo ni nación porque dicen ser ciudadanos del mundo; de quienes no tienen Dios porque caminan hacia el posthumanismo, de quienes quieren convertir la nueva Notre Dame en un símbolo de encuentro multicultural y de quienes, en fin, ya no pertenecen a la civilización occidental, hundida sobre sus pilares judeocristianos y grecolatinos, porque solamente son miembros de esa enorme utopía multicultural y diversitaria que se extiende como una pandemia ética e ideológica por unas tierras plagadas de iglesias solitarias, incendiadas y derruidas.

¿Se desvanece la Iglesia católica al ritmo que se diluye ese gran Occidente siempre más ético e ideológico que geográfico que jamás hubiera podido ser grande, tan grande, sin ella? ¿Ha travestido el catolicismo sus esencias para convertirse en la bondadosa religión de cabecera del globalismo socialdemócrata? ¿Habrá un regreso al pasado? Y lo más importante: ¿volverán a necesitar los hombres y mujeres post-humanos que pronto llegarán al Dios que jamás les creó?

El día en el que murieron los medios de comunicación

A pesar de que llevaban varios años en coma, los medios de comunicación tradicionales, como elementos referenciales de información y de opinión, murieron el 9 de noviembre de 2016. Ese día pasó a la historia no solamente por el triunfo de Donald Trump en unas de las elecciones presidenciales estadounidenses más reñidas y convulsas de las últimas décadas sino también, y quizás sobre todo, porque las principales cabeceras periodísticas internacionales, ideológicamente gangrenadas y éticamente corrompidas por sus alianzas serviles con los poderes políticos y económicos, exhibieron, en apenas unas horas, un completo mosaico de cómo los comportamientos prepotentes, las ignorancias atrevidas, los cinismos noticiosos, las mentiras más rastreras y las manipulaciones más ramplonas pueden convertirse en vergonzosas herramientas periodísticas.

La campaña electoral norteamericana que desembocó en la victoria de Donald Trump demostró que, desde hace ya varias décadas, probablemente desde que a finales del siglo XX las nuevas tecnologías hicieron estallar los monopolios informativos y arruinaron las cuentas de resultados de los principales medios de comunicación, los periódicos, las emisoras de radio y las cadenas de televisión generalistas se habían lanzado a un agónico "sálvese quien pueda" que está teniendo gravísimas consecuencias para la libertad de expresión. De hecho, el 9 de noviembre de 2016 sí que surgió una grave amenaza para la "civilización occidental", tal y como el miserable rotativo británico *The Finan-*

cial Times definió el triunfo electoral de Donald Trump, pero ésta no se derivó del hecho de que un empresario populista, demagogo, emprendedor, decidido y creador de miles de empleos fuera a presidir el país más poderoso del mundo, sino de la constatación patente de que Occidente se encuentra en este momento sin medios de comunicación fiables, capaces de narrar, de proyectar y de interpretar la realidad con rigor, con coherencia, con veracidad y con independencia.

Abonados al "sensacionalismo con tintes humanos" para mantener la atención de los receptores; vendidos al discurso ideológico-político dominante, lacio, vacuo, "buenista" y absolutamente carente de rigor intelectual, que asuela a nuestras democracias; esclavos del "pensamiento débil" que prima en nuestras sociedades, ese que, en aras de la multiculturalidad y la presunta equidad de todas las ideas, "vengas éstas de donde vengan", siempre tiende a diluir la preponderancia de los valores occidentales en beneficio de todo tipo de irracionalismos, de consignas totalitarias, de creencias mágicas, de eslóganes panfletarios y de soflamas reivindicativas tan falsarias como corrosivas; y, sobre todo, víctimas de los movimientos neocomunistas más ramplones, de las letanías socialdemócratas más embusteras e hipócritas y del pavor más absoluto a romper el cerco intelectual de lo políticamente correcto, los medios de comunicación han dejado de leer la realidad, de interpretar el presente y de ir dando forma a la historia en construcción para alumbrar un mundo paralelo, un "Matrix" informativo, absolutamente irreal y profundamente reaccionario en su imposición casi violenta, que nada tiene que ver con lo que ocurre en las calles, con el aplastante y efectivo sentido común que impulsa diariamente a los hombres y mujeres decentes a levantarse todos los días para vivir una vida, simplemente, normal.

Los medios de comunicación del sistema, los 'mainstream media', perdieron de una forma dramática la gran historia que llevó a Donald Trump (y todo lo que vendría después) a convertirse en presidente de los Estados Unidos, y lo que es peor, han perdido, desde hace algo más de una década, todas las historias importantes que están ocurriendo en un Occidente que está agotado de que determinadas élites ideológicas, políticas, económicas y culturales le hagan comulgar con ruedas de molino.

Tomando el ejemplo de Donald Trump, el empresario y administrador de fondos de inversión estadounidense Peter Thiel, cofundador de *PayPal* y actual presidente de *Clarium Capital*, ha explicado de una manera muy gráfica el abismo, ya insalvable, que separa a los conglomerados periodísticos y a la gran mayoría de los profesionales de la información del resto de los ciudadanos. "Los medios siempre están tomando a Donald Trump literalmente. Nunca lo toman en serio, pero siempre lo presentan de una forma literal", explica Thiel. "Los periodistas, por ejemplo, querían saber exactamente cómo deportaría Donald Trump a los inmigrantes indocumentados, o cómo haría Donald Trump para desembarazarnos del Estado Islámico. Querían los detalles. Pero los votantes estadounidenses piensan lo contrario: toman a Trump seriamente, pero no literalmente. Los ciudadanos saben que Trump realmente no planea construir un muro y lo que realmente escuchan es: 'Vamos a tener una política de inmigración más sana y sensata'. Esa es la diferencia radical".

No contentos con inventarse una "infoesfera" absolutamente artificiosa e incierta, que nada tiene que ver con la realidad de los acontecimientos que conforman las esperanzas y las preocupaciones de la mayoría de los ciudadanos, la práctica totalidad de los principales medios de comunicación occidentales, salvo un puñado de honrosas excepciones que únicamente sirven para confirmar la regla general, no han tenido ningún tipo de complejo deontológico, primero para intentar arrastrar a los ciudadanos a sumarse al carro de lo políticamente correcto (oponerse al "Brexit", votar a favor de "la paz" en Colombia, alentar la inmigración ilegal o apoyar a Hillary Clinton) y después para "abroncar" a los electores y para, literalmente, amenazar al mundo con las más terribles consecuencias y con todos los males posibles por no haber "elegido" lo que tantos medios de comunicación parásitos de los presupuestos públicos, grupos de presión que tratan de controlar los presupuestos públicos y oenegés que viven de los presupuestos públicos, dicen que hay que "votar".

Los medios de comunicación tradicionales han muerto y su fuerza referencial y de influencia ha desaparecido, víctimas de su propia incapacidad para leer lo que sucede, por su inoperancia para analizarlo con objetividad, por su nula destreza para desvelar los hilos, las tramas y las tendencias que están poniendo patas arriba el mundo que nos rodea y, sobre todo, por su obscena obsesión y su escatológico ensañamiento en la demolición de los valores tradicionales sobre los que se levanta lo que conocemos como civilización occidental.

De hecho, los principales medios de comunicación ya no defienden las libertades individuales sino la democracia falsa de las élites; no abogan por la tolerancia respetuosa entre diferentes sino por un máximo consentimiento generalizado y revuelto en el que obtengan beneficios los pescadores de siempre; no buscan la igualdad de oportunidades para todos, sino un igualitarismo demagógico e inservible que desprecia la meritocracia y condena el esfuerzo personal; y, desde luego, tampoco desean la existencia y la convivencia plural de ideologías, creencias y religiones bajo un marco único de respeto a "nuestros valores", sino que tratan de implantar un multiculturalismo soez y totalitario que equipara los mejores saberes y legados alumbrados por la humanidad con las tradiciones y costumbres más bárbaras.

Ciertamente, sin medios de comunicación libres, independientes, firmes e inteligentes, no hay libertad de expresión, que es uno de los pilares de nuestras sociedades. Pero, poco a poco, y gracias a las nuevas tecnologías de la información y comunicación, están surgiendo nuevas voces cada vez más influyentes, tanto individuales como colectivas, tanto de periodistas profesionales como de expertos en múltiples campos del conocimiento, empeñadas en contar la realidad que es, no la que creen que debería ser; expertos en analizar lo que viene sin los anteojos impuestos por una mentira muchas veces repetida, por una ideología totalitaria o por una formación política determinada, y hábiles y eficaces en hacer llegar sus mensajes a los demás.

Es un fenómeno todavía incipiente, débil, poco concreto, impulsado por individuos aislados y redes inconexas de profesionales, pero podría funcionar. Y, de hecho, solamente algunas de estas voces fueron capaces de escuchar, y de dar voz, a los millones de personas que hablaban alrededor de Donald Trump mientras el grueso de las gigantescas empresas informativas, las multinacionales de la opinión pública y los analistas más "influyentes" solamente eran capaces de ver y oír los trazos más gruesos y pintorescos de alguien que, con palabras malsonantes, gestos bruscos y comportamientos públicos poco habituales, estaba reflejando el profundo malestar y la queja de una sociedad, la nuestra, que en demasiadas ocasiones parece empeñada en suicidarse de todas las formas posibles.

Donald Trump, nosotros y la gran guerra cultural

Tras unas elecciones presidenciales posiblemente amañadas, Estados Unidos, como también lo está haciendo el resto de Occidente, ha estallado en una gran guerra cultural entre el consenso socialdemócrata y neocomunista global que tan bien representan Joe Biden y Kamala Harris y la nueva derecha identitaria, patriótica y neoconservadora que tanto brilló de la mano de Donald Trump.

Que Donald Trump, por segunda vez consecutiva, consiguiera reunir en torno suyo a prácticamente la mitad de los votantes estadounidenses revela que a pesar de lo que llevan repitiendo hasta la maledicencia los grandes medios de comunicación del sistema, repletos de periodistas, analistas, presentadores, editores y empresarios idiotas convertidos en activistas fanáticos de la extrema-izquierda, existe ahí fuera todo un mundo identitario, soberanista y conservador, firmemente comprometido en mantener los principios y valores políticos, sociales y éticos tradicionales y que se opone cada vez con más fuerza a los cambios radicales propuestos por el nuevo comunismo globalista que está incendiando el mundo con el entusiasmo de algunos, la satisfacción de muchos y la indiferencia cómplice de casi todos.

Los millones de votos conseguidos por Donald Trump frente a todo y contra todos, más los que posiblemente le han sido robados por el entramado izquierdista a las órdenes del totalitarismo globalista, fueron un símbolo que ha convertido al expresidente norteamericano en un emblema de resistencia. Ese 'trumpismo' tan vilipendiado, a veces algo grosero, en ocasiones algo confuso, pero siempre hiperactivo, representa extraordinariamente bien a un bando muy concreto de la radical batalla que, de un modo u otro, se libra en prácticamente todos los rincones del planeta. Y es que en esta pelea junto al antiguo Presidente de Estados Unidos se arremolinan las gentes libres, la tan escasa prensa libre, los creadores libres, los científicos independientes y no adoctrinados y quienes defienden las libertades individuales, la familia tradicional, la meritocracia, los valores de nuestros abuelos, el derecho a la defensa y a la seguridad, y el capitalismo tradicional frente a la volátil especulación financiera posmoderna. También nos situamos a este lado de las barricadas que pronto comenzarán a levantarse quienes nos posicionamos junto a las Fuerzas de Seguridad, al lado de quienes protegen la cultura y no la cancelan, codo con codo con los que se parten la espalda para defender orgullosos el mundo que alumbraron sus antepasados, junto a quienes aún creen que los hombres tienen pene y las niñas vagina, y junto a los políticamente incorrectos permanentemente perseguidos... Y, sobre todo, quienes nos situamos junto a la gente de la calle simplemente decente que solamente desea llevar una vida digna, formar a sus hijos sin que éstos sean aleccionados por el Estado, trabajar y poderse tomar un café con la persona de su vida en un entorno seguro.

Es esta gente sencilla abanderando causas repletas de sentido común que engarzan con el origen de nuestra civilización judeocristiana y grecolatina la que, efectivamente, está llamando a la resistencia porque ve con desconcierto, con pavor y con incredulidad, los inmensos nubarrones totalitarios que se avecinan al otro lado de las trincheras, cubriendo los páramos devastados por donde ya cabalgan amorosamente, en unánime y sospechoso abrazo colectivo, el dúo

Biden-Harris, los terroristas 'Antifa', los Black Lives Matter, el MeeToo, el obtuso consenso socialdemócrata europeo, George Soros y los Silicon Boys, los grandes medios de desinformación del sistema, las 'celebrities' cinematográficas más imbéciles, las multinacionales turbocapitalistas y las universidades ridículamente sumisas al ritmo políticamente correcto marcado por los nuevos marxistas bolivarianos, por el Islam político infiltrado en nuestras instituciones y por la extrema-izquierda camuflada de terciopelo. Y sí, al otro lado de las trincheras, allí donde cuchichean discretamente Xi Jinping, Hasan Rohaní y Nicolás Maduro también se encuentra el nihilismo burdo y global de las élites empresariales y financieras para quienes ya no existen ciudadanos que desean recorrer sus ciudades sin miedo, ni patrias que han de defenderse con fronteras y ejércitos, ni un pasado que nos hace grandes ni un espíritu y unas ideas que nos han forjado como somos, sino que ellos ven solo consumidores apátridas e intercambiables cuyas vidas únicamente valen lo que valen sus datos, sus tarjetas de crédito y su capacidad infinita para pagar impuestos con los que se mantienen los caprichos multiculturales de los poderosos y de sus bufones mediáticos.

Donald Trump no será nuevamente presidente de EE.UU., pero se ha convertido en una bandera universal para quienes sabemos que Occidente está ya en guerra, aunque sus ciudadanos no quieran saberlo. Desde aquel 11 de septiembre de 2001 fatídico, y quizás desde mucho tiempo antes, todos tenemos que ser conscientes de que debemos estar listos para defender nuestra forma de vida (¿cuándo olvidamos esta expresión?) de esta chusma bárbara que ha llegado con el advenimiento del siglo XXI y que está formada por un ingente colectivo de fuerzas, generalmente de inspiración comunista, socialista e islamista, y siempre marcadamente totalitarias, que cabalgando sobre la ola globalizadora, y aprovechándose obscenamente de las ventajas y también de las desigualdades que esta produce, se expande a lo largo y ancho del planeta.

El progresismo, la socialdemocracia y el marxismo cultural, que abrazan y dan cuerpo y solidez a todas estas pulsiones feroces, constituyen la punta de lanza de un belicoso movimiento global anti-Occidente que se levanta sobre varios elementos perversos: el apoyo a la inmigración sin control, fundamentalmente islámica, como forma de desgastar los valores tradicionales sobre los que se levantan los Estados democráticos modernos; la utilización de la ideología de género más aberrante como herramienta básica para diluir el papel fundamental que desempeña la familia tradicional en nuestras vidas; la manipulación de las minorías raciales y políticas como instrumentos de ataque contra la democracia; la islamofilia como pancarta disgregadora y destructora del bagaje espiritual e intelectual clásico sobre el que se levantan nuestras sociedades, y el jemerismo verde como una estrategia económica tan perfecta como perversa para travestir un mundo clásico alzado con éxito sobre los valores cristianos en un planeta futuro que habrá de levantarse sobre los principios lacios, gelatinosos y volubles de una "naturaleza" inane convertida en reina tonta de la creación...

Miren a su alrededor. Ahora, piensen en el futuro de sus hijos y de sus nietos. Vuelvan a mirar a su alrededor. ¿Están ya preparados para la lucha?

CONTEXTO
Tres entrevistas

David Engels
La melancolía del último occidental
Un entrevista de Raúl González Zorrilla

David Engels (Verviers, Bélgica, 1979) es en la actualidad uno de los más prestigiosos historiadores europeos. Profesor de investigación en el Instytut Zachodni de Poznan (Polonia), donde se encarga del estudio en profundidad de cuestiones relacionadas con la historia intelectual occidental y la identidad europea, dedica también gran parte de su trabajo a esbozar una posible reforma de las instituciones europeas basada en lo que él denomina "Hesperialismo", una profunda y renovadora combinación del mejor patriotismo europeo con el más elaborado conservadurismo cultural.

La Tribuna del País Vasco, periódico que edita la *Revista Naves en Llamas* y en el que David Engels publica regularmente sus artículos en España, ha reunido ahora la mayor parte de estos ensayos en un libro fundamental que, bajo el título de *El último occidental*, ofrece una imagen fiel de una civilización, quizás la más brillante que haya creado jamás la humanidad, en franca descomposición y al borde de una asimétrica guerra civil. Los textos de Engels, tan bellos como precisos y profundos, y bañados todos ellos con la sabiduría del historiador especialista en la caída de la antigua Roma, dejan constancia y nos hablan de un mundo, el nuestro, sumido en una batalla definitiva, global y crepuscular, de la que parece que nadie saldrá indemne.

Sr. Engels, ¿qué encontrará el lector en *El último occidental*?

El último occidental es una colección de trabajos y discursos que he escrito y pronunciado durante los últimos años en varios idiomas y revistas, todos traducidos ahora al español por Carlos X. Blanco, habitual colaborador de *Nave sen Llamas* y publicados gracias a *La Tribuna del País Vasco*. Estos pensamientos son eminentemente personales, ya que reflejan la evolución de mis opiniones y análisis y también muy a menudo situaciones en las que me encontré; pero al mismo tiempo, también son representativos, espero, de la pregunta clave que todos los conservadores se están haciendo en estos momentos: ¿cómo puede el verdadero Occidente sobrevivir a los ataques masivos contra sus valores que está experimentando actualmente?

Al leer su libro, parece que Occidente vive una guerra de baja intensidad contra diferentes amenazas (islamismo, neocomunismo, ideología de género...) ¿Estamos perdiendo estas batallas?

Sí, me temo que sí, sobre todo porque incluso se ha prohibido llamar a esta guerra por su verdadero nombre. Para los máximos responsables de esta guerra -los globalistas políticamente correctos-, esto no es una guerra, sino un período de progreso, mientras que muchos de los que, instintivamente, sienten que algo anda mal, no se atreven a expresar sus sentimientos y opiniones porque como se enseña en la escuela, en los medios de comunicación y afirman los políticos, todos los que se resisten a lo que engañosamente se llama "progreso" son reaccionarios y extremistas, incluso fascistas. Por lo tanto, Occidente se enfrenta a una de sus guerras más desastrosas, y ningún defensor se atreve a detener al atacante.

¿Cuál es el más amenazador de estos desafíos?

La verdadera amenaza no proviene del islam ni de China, aunque sin duda éstos buscan derrocar a Occidente. La verdadera amenaza proviene de dentro y de todos aquellos que abren la puerta a estos peligros externos. Así, la corrección política es el verdadero enemigo, ya que es una ideología que pretende considerar únicamente los intereses de los individuos en particular y de la humanidad en general, mientras niega la importancia de los niveles intermedios de identidad y solidaridad como la familia, el pueblo, la región, la nación, la religión, la cultura, etc. El objetivo de la ideología de la corrección política es la destrucción de nuestra identidad occidental para que pueda establecerse un dominio mundial sobre individuos y grupos atomizados, desarraigados y mutuamente hostiles que solo se interesen en sus propios asuntos y placeres baratos. Esta no es una teoría de la conspiración sino más bien la triste realidad que se esconde detrás del vocabulario de "hermandad", "igualdad" y "tolerancia", tan elocuentemente expuesto por las élites políticamente correctas.

¿Cree usted que en algunos de nuestros países hay ya territorios perdidos para nuestras leyes y nuestros sistemas de convivencia?

Por desgracia, sí. Incluso diría que la mayoría de los países de Europa Occidental ya están perdidos, principalmente Francia, el Benelux, Reino Unido y gran parte de Alemania. Parece demasiado tarde para restituir el "statu quo ante", el estado de las cosas antes de la guerra, ya que, por un lado, grandes masas de europeos autóctonos se han desconectado por completo de su propia civilización, incluso la odian, mientras que, por otro lado, la islamización ha progresado tanto que muchas grandes ciudades ya están dominadas por grupos extranjeros, en su mayoría musulmanes, que están completamente alejados de la sociedad en la que viven (algo que, como nuestra sociedad está dominada principalmente por la corrección política, es bastante comprensible).

En su opinión, ¿esta guerra "ideológica" o "cultural" podría acabar convirtiéndose en un conflicto armado en las calles de algunas capitales europeas?

Yo diría que esto ya está ocurriendo y se pone de manifiesto cuando sigues todas esas noticias de las que no informan los grandes medios de comunicación, pero que ilustran perfectamente cómo, en Francia o en Alemania, las "banlieues" (barrios periféricos generalmente degradados) ya son escenarios de guerra. Además, considero que los disturbios del BLM (Black Lives Matter) y el movimiento Gilets Jaunes ya eran síntomas perfectos de lo que nos espera en nuestro futuro, cuando la economía europea se derrumbe, cuando el Estado disminuya masivamente su gasto social y cuando las fuerzas policiales dejen de ser leales al Estado.

Yo no espero una guerra civil sino más bien un proceso de deconstrucción sistemática de la condición de Estado y un retorno a formas de organización más arcaicas, donde la vida cotidiana no estará dominada por la Administración estatal sino por las bandas locales, las sectas religiosas o las unidades paramilitares, hasta que la gente esté tan harta de que activamente dé la bienvenida a un nuevo Estado autoritario que deberá garantizar una vez más el orden y la seguridad. Puede ser algo similar a lo que ocurrió al final de la guerra civil romana, cuando las masas aceptaron sin resistencia la única autoridad de Augusto.

Antes estos desafíos, ¿cómo debe articularse la defensa de los grandes valores tradicionales occidentales?, ¿Desde qué posiciones políticas?

Desde mi punto de vista, esta defensa tiene que plantearse en dos niveles: por un lado, tiene que operar no solo a nivel nacional, sino también a nivel europeo, ya que todos compartimos la misma lucha en todas partes y la identidad que estamos tratando de defender no es solo nuestra nacionalidad, sino aún más nuestra identidad occidental común. Por otro lado, esta defensa, para estar realmente enraizada en nuestro pasado, debe desarrollar una actitud positiva hacia nuestros valores históricos, sobre todo la tradición grecorromana y judeocristiana. De hecho, los problemas actuales no son un accidente de la historia, sino el resultado inmediato del ultraliberalismo. Debemos rechazar el individualismo extremo, el relativismo y el hedonismo, y volver a nuestras raíces colectivas con el fin de desarrollar la solidaridad necesaria. Por supuesto, dado que todas las probabilidades políticas están actualmente en contra de tal restauración, los verdaderos patriotas europeos están más obligados que nunca a vivir de acuerdo con sus ideales en su entorno privado, profesional y familiar para transmitir su identidad, que es la tema de uno de mis libros recientes, *¿Qué hacer? Vivir con la decadencia de Europa.*

¿Han perdido los principales partidos conservadores su esencia y su capacidad de resistencia al convertirse en nuevas formaciones socialdemócratas?

Sí, eso me temo. Debido al traumatismo del fascismo y de la Segunda Guerra Mundial, la izquierda ha ganado la guerra cultural en Occidente y ha logrado, a más tardar desde 1968, dominar completamente la esfera ideológica a través de su control gradual sobre las escuelas, las universidades y el mundo de los medios de comunicación. En lugar de mantener su propio marco, los conservadores han querido mostrar cuán tolerantes, progresistas y modernistas eran, y han perdido el alma, y esto no solo se aplica a los políticos, sino también a las iglesias cristianas que han atravesado una dramática situación de cambio. Esto es un desastre, ya que, por el momento, en Occidente, excepto en Europa del Este, no queda ningún movimiento conservador de importancia a gran escala: incluso la mayoría de los partidos "populistas" se adhieren a muchos puntos centrales del liberalismo político, moral y económico, y combaten algunos de los síntomas de éste como la islamización o a Bruselas, pero no se enfrentan a las auténticas causas de la decadencia.

En su opinión, ¿hay un interés de las élites políticas y económicas para llevar a cabo un "Gran Reinicio" de Occidente?, ¿Por qué? ¿Se está utilizando la pandemia de Covid-19 como excusa para ello?

Absolutamente. Como ya he dicho, ha sido el objetivo del liberalismo por décadas, incluso por siglos; se trata de desmantelar las unidades tradicionales de solidaridad (desacreditadas como "opresoras") con el fin de destruir los Estados nación y de constituir alguna forma de gobierno mundial "humanitario", basado en lo que he llamado "socialismo del multimillonario", una forma de economía en la que las grandes masas viven en condiciones semi-socialistas mientras que las élites prosperan en un ambiente ultracapitalista.

Que la crisis del coronavirus se utiliza para promover este objetivo está dicho de manera abiertamente por muchos de los defensores de este "Gran Reinicio". Por esto soy extremadamente escéptico sobre la necesidad, la duración y, sobre todo, por las desastrosas consecuencias de los confinamientos. Por supuesto, al menos a corto y medio plazo, será imposible lograr tal Gobierno mundial, ya que China, Estados

Unidos, Rusia, la UE, India o el mundo musulmán nunca se someterán a una misma jerarquía. Pero el objetivo de eliminar a la clase media, destruir la identidad occidental y reemplazar las estructuras democráticas por un Estado de seguridad autoritario parece que hoy ya está plenamente en marcha.

Usted vive en Polonia y mantiene un contacto permanente con los países de Visegrado. ¿Son los países de Visegrado la alternativa a la actual Unión Europea?

Sí, eso espero. Muchos de los problemas que afectan a Europa Occidental no han llegado (¿todavía?) a los países de Visegrado. En parte porque fueron parcialmente "protegidos" del liberalismo por el antiguo telón de acero; en parte también debido a su resistencia contra el comunismo, que ha hecho a estos países valorar sus propias tradiciones y su identidad más que nunca. Todo esto les ha inspirado para mantenerse alerta ante las tentaciones autoritarias de Bruselas y Berlín. Por lo tanto, es de esperar que la "verdadera" Europa pueda sobrevivir en Varsovia y Budapest cuando Occidente ya se haya transformado en algo muy diferente. Sin embargo, los estados de Visegrado no son una isla: están amenazados económicamente por Bruselas y políticamente por el apoyo masivo que los medios occidentales y el establishment político ofrecen a los respectivos partidos de oposición. ¿Sobrevivirán a esta lucha? Solo cuando logren exportar su punto de vista a Occidente y ayuden a crear movimientos que combinen el patriotismo europeo y el patriotismo cultural podrán esperar moldear activamente el destino de Europa. Esto es un enfoque que he llamado "Hesperialismo" y que describí en uno de mis libros recientes, *Renovatio Europae*.

¿Cómo definiría este "hesperialismo"?

Inmigración masiva, declive de los valores, integración de la perspectiva de género, radicalización, sociedades paralelas, partidos políticos convertidos en cárteles, polarización social, crisis de deuda... Allá donde se mire, Europa parece desintegrarse ante nuestros ojos. El universalismo políticamente correcto nos ha llevado al borde del desastre. Si queremos evitar los peores escenarios, es hora de volver a los valores que alguna vez estuvieron en la raíz de la grandeza de Occidente. Esto solo será posible mediante una renovación fundamental de Europa sobre la base de un credo político que nos gustaría llamar "Hesperialismo". Por un lado, necesitamos una Europa que sea lo suficientemente fuerte para proteger al Estado nación individual contra el surgimiento de China, la explosión demográfica de África, la difícil relación con Rusia y la radicalización de Oriente Próximo. Pero, por otro lado, una Europa así solo encontrará aceptación si permanece fiel a las tradiciones históricas de Occidente en lugar de luchar contra ellas en nombre de un universalismo multicultural quimérico. La defensa de la familia natural, una severa regulación de la inmigración, un retorno a la Ley natural, protección de un modelo económico socialmente responsable, implementación radical de la subsidiariedad, revitalización de las raíces culturales de nuestra identidad y renovación de nuestro sentido de la belleza: estos son, en resumen, los pilares de una nueva Europa "Hesperialista".

Poco a poco, sus obras son cada vez más conocidas y apreciadas en España. ¿Cómo observa la situación política de nuestro país? ¿Qué mensaje le gustaría transmitir a sus lectores españoles?

Estoy muy feliz y honrado sobre el creciente interés que los lectores españoles muestran hacia mi trabajo, y estoy muy agradecido a *La Tribuna del País Vasco* por ser el principal órgano de difusión de mis escritos en España. Tengo un gran respeto y simpatía por la lucha del pueblo español por proteger su identidad cultural y autonomía política y considero a España uno de los pocos países europeos que sabe lo que significa luchar por sus propias tradiciones e identidad, tanto contra civilizaciones extranjeras como contra el marxismo cultural. También es muy triste ver cómo el mundo hispánico se encuentra actualmente desgarrado por disensiones culturales en un momento en el que el enemigo real amenaza no solo las autonomías regionales, sino la noción de tradición, historia, cultura y el cristianismo mismo. Viniendo de Bélgica, un país con grandes disensiones regionales, sé perfectamente lo difícil que puede ser para diferentes grupos lingüísticos con resentimientos históricos vivir juntos; sin embargo, los verdaderos patriotas deberían preocuparse ante todo por la supervivencia de la civilización occidental y considerar a todos los que lo hacen también como aliados y hermanos, no como enemigos.

Entrevista realizada a lo largo del mes de enero de 2021

Hermann Tertsch

El hombre que vio morir y resucitar al comunismo

Un entrevista de Raúl González Zorrilla

Nacido en Madrid en 1958, Hermann Tertsch Del Valle-Lersundi es uno de los mayores expertos en el análisis de la realidad política y social española y europea. Contundente, rápido en la interpretación de los acontecimientos, poseedor de una cultura enciclopédica y siempre coherente, Tertsch posee a raudales esa extraña habilidad que solamente tienen los mejores especialistas y que, partiendo de un conocimiento exhaustivo del pasado, consiste en descifrar con pericia los pequeños detalles de los hechos diarios para bosquejar con eficacia los grandes retos, las posibilidades y las amenazas del futuro.

Hijo de periodista, siendo un niño buceaba día sí y día también entre los veinticinco periódicos y revistas -prensa nacional e internacional- que llegaban diariamente a su hogar. Comenzó a ejercer la profesión en la empresa familiar en el boletín económico "Spanish Economic News Service". Después se fue a Viena donde, con la Agencia EFE, inició sus largas peripecias en Europa oriental. Allí comenzó a colaborar con *El País*, que pronto lo llamaría a la redacción central en España. En 1985 ya era corresponsal de este periódico en Bonn y Varsovia y, más tarde, lo fue para toda Europa oriental durante la caída del

Telón de Acero, el desarrollo de las jóvenes democracias nacidas de la ex Unión Soviética y la posterior guerra de Yugoslavia.

Subdirector y jefe de Opinión de "El País" entre 1993 y 1996, fue después enviado especial por todo el mundo, columnista y editorialista. Abandonó este periódico en 2007 por discrepancias ideológicas y desde entonces es columnista y enviado especial del diario "ABC".

Ha sido comentarista político y tertuliano en prácticamente todas las principales cadenas de radio y televisión de España. Como también colaborador de diarios y revistas extranjeras. Entre 2008 y 2010, dirigió un informativo de autor nocturno Diario de Telemadrid.

Hermann Tertsch ha sido galardonado con los premios "Cirilo Rodríguez"; "Europeo de Periodismo", del Parlamento Europeo; "Mejor Corresponsal", del Club Internacional de Prensa; "Libertad de Expresión", del Club Liberal y otras distinciones, como la Gran Cruz al Mérito Civil de Austria.

Ha publicado los ensayos *La venganza de la historia, Libelo contra la secta* y *Días de ira,* y *las novelas La acuarela* y *Cita en Varsovia.*

Usted vivió en primera fila la caída de la antigua URSS y hoy es uno de los intelectuales más activos a la hora de denunciar esa nueva forma resucitada y globalizada del comunismo que se ha venido a llamar "marxismo cultural"... ¿Cómo surgió este fenómeno político, social y, sobre todo, cultural?

Los primeros pasos de todo esto se dieron con la Internacional Comunista de los años veinte del pasado siglo, que establecía claramente un proyecto de expansión a lo largo y ancho del mundo desarrollado, y especialmente a lo largo y ancho de Europa, para inducir a la gran revolución proletaria mundial.

Para llevar a cabo este plan, la Internacional Comunista impulsa un gran conglomerado de asociaciones, grupos y organizaciones, muchas de ellas similares a las actuales oenegés, que funcionaban bajo las órdenes de los partidos comunistas, pero sin pertenecer directamente a su estructura. Aquello lo comenzó el genio que fue Willi Münzenberg, un comunista alemán. Hoy ocurre lo mismo, pero fue en esa década de los años veinte cuando el comunismo comenzó a utilizar el asociacionismo como herramienta de penetración ideológica en las sociedades desarrolladas.

El siguiente paso en esta expansión del neomarxismo o marxismo cultural se dio con la aparición de la Escuela de Fráncfort. En los años treinta, numerosos intelectuales marxistas tuvieron que huir de Alemania ante el auge del nazismo y marcharon a Estados Unidos. En las universidades de este país crearon escuela y, tras el fin de la II Guerra Mundial, regresaron a Alemania y a Francia, países desde los que impulsan sus estrategias de desarrollo y penetración que ya se basan en las teorías de Gramsci de la supremacía cultural. De ellos parte ese impulso que fue fallido con el Mayo del 68 parisino. Aquella gran movilización estudiantil -con brotes de alianza obrera y la gran huelga general- fue el último gran intento revolucionario comunista. Pero ya entonces los marxistas habían entendido que su gran estrategia para la toma del poder en las sociedades desarrolladas había de asentarse por medio de la penetración cultural y no por vía de la revolución violenta o las movilizaciones callejeras.

No son los tanques, son determinadas ideas, y su expansión a todo el espectro cultural de la vida de una sociedad desarrollada, las que han de conseguir la victoria. Por eso los nuevos comunistas van extendiendo e implantando sus banderas por muy diferentes campos en los que siembran sus semillas ideológicas, con la supuesta defensa, en realidad utilización, de movimientos como el ecologismo, el animalismo, el feminismo, el pacifismo o el LGTB.

La economía ya no sirve a los nuevos comunistas. La transformación económica, el cambio de manos de los medios de producción que iba a ser la punta de lanza de la revolución proletaria, de esa revolución igualitaria que se construye sobre la liquidación del individuo para el triunfo de la igualdad en todos los campos, fue un catastrófico fracaso una y otra vez. Tanto que ya no sirve para ningún discurso con un mínimo de ambición. Y por ello van extendiéndose a otros campos en los que buscar el sentimentalismo, la emoción fácil, el humanitarismo - siempre con dinero ajeno, claro, que resulta mucho más atractivo -. Así han logrado en medio siglo una expansión enorme, por ejemplo, en el capítulo de las oenegés, que en su inmensa mayoría son organizaciones que apelan a las emociones y a ideales de solidaridad y caridad pero tienen criterios comunistas, que obedecen a los mismos objetivos comunistas y son permanentes promotores de una ideología igualitarista izquierdista. Con diferencias de matices entre ellas. Incluso las organizaciones de las diversas iglesias cristianas obedecen a los mismos criterios marxistas.

¿Y cuáles serían, en su opinión, los fines de estos nuevos comunistas?, ¿Quién establece estos objetivos?

A pesar de que en ocasiones parezca que no hay una organización o unas cabezas pensantes detrás de todo este gran movimiento global del marxismo cultural, uno de los principales polos de difusión ha sido el Foro de Sao Paulo (FSP), nacido en 1990, tras la caída del Muro de

Berlín (1989) impulsado por el Partido de los Trabajadores de Brasil (PT).

El Foro de Sao Paulo ha sido clave para entender lo sucedido en el pasado cuarto de siglo. En el Foro de Sao Paulo, ideológicamente mandaba Cuba. Y lo sigue haciendo. Esa diminuta dictadura canalla y de conducta y mensaje miserable ha mostrado siempre un inmenso grado de sofisticación a la hora de garantizar su supervivencia con la toma de influencia en raíces más poderosas.

En un primer momento, el Foro de Sao Paulo nace como el sustituto de una Internacional Comunista que ya no podía tener su referente en Moscú tras el hundimiento de la URSS. Creado por grupos sindicalistas, guerrilleros, organizaciones terroristas y múltiples partidos comunistas y socialistas, en el momento de su fundación, este gran órgano marxista solamente contaba con un miembro que estuviera gobernando: el Partido Comunista de Cuba. Solamente 15 años después, en 2004, el Foro de Sao Paulo tenía ya a más de unas decenas de partidos en diferentes Gobiernos, entre los que ya se encontraba Hugo Chávez, Lula, los Kirchner, Evo Morales, Correa, Ortega, etc.

Chávez fue fundamental para el Foro, porque Cuba dirigía, pero era la Venezuela bolivariana la que financiaba todo aquello. En aquella época, con el petróleo a 150 dólares el barril, había dinero para todos y desde el Foro de Sao Paolo se compró de todo y a todos.... En el FSP se integraron grupos de Oriente Medio como Hizbolá, organización terrorista islamista con amplias conexiones con Venezuela, con una fuerte línea de penetración en Estados Unidos gracias al tráfico de cocaína, con lazos muy intensos con Irán y con gran poder sobre el control del narcotráfico internacional.

Explica Hermann Tertsch que no solamente hay un complicado entramado organizativo que impulsa globalmente el nuevo comunismo, tanto   ideológica como políticamente, sino que, además, existe "un entramado inmenso de multinacionales, de empresas semipúblicas y privadas, que funcionan en Sudamérica y en todo el mundo al servicio del marxismo cultural y sus conexiones, lavando, por ejemplo, el dinero negro de la cocaína de las FARC, y financiando el surgimiento y el crecimiento de numerosos partidos comunistas, tanto en Hispanoamérica como en otras partes del mundo, incluyendo España".

"Pero lo más importante es la dinámica de penetración cultural", añade. "Una dinámica que se completa con la ayuda de ese rodillo socialdemócrata, izquierdista, que ha ido, con diferentes matices, avanzando en toda Europa; se trata de un rodillo aplastante que solo tiembla ante fisuras como las que están surgiendo en países como Hungría, Polonia o Austria y que muestra su debilidad creciente con el surgimiento de partidos que no controla. Hay una tendencia general que busca la demonización, marginación, estrangulamiento y finalmente aniquilación de toda discrepancia cultural. Esta tiene por supuesto una de sus fuentes más fértiles en la idea de la nación, de la tradición y la memoria. Por eso el rodillo socialdemócrata es fundamentalmente antinacional. Y también es militante en su hostilidad a las religiones, salvo a aquellas que puedan servirle en la fase inicial para la destrucción de la cohesión nacional en las sociedades europeas. Todo lo que tiene un mensaje de trascendencia del hombre y el propio hecho religioso son combatidos de forma no violenta pero absolutamente implacable con el descrédito, la agitación y el estrangulamiento económico. Los nuevos marxistas han contado con una colaboración importante por parte de la Iglesia Católica, en una rápida adaptación al devenir de los tiempos desde el mismísimo Concilio Vaticano II en los años sesenta. Tras el susto o la involución que supuso para toda la estrategia socialdemócrata global la irrupción en la historia del fulgor magnífico de Juan Pablo II y Josep Ratzinger, que hizo crujir las cuadernas de su andamiaje ideológico, en la figura del Papa Francisco vuelve a verse cómo la penetración del pensamiento comunista o neomarxista avanza por las principales instituciones occidentales y la otrora iglesia universal. Este Papa ha demostrado que tiene pocas diferencias en pensamiento con el izquierdismo cultural latinoamericano o europeo.

¿Cómo se produce esta infiltración del 'marxismo cultural'?

Están en todas las partes porque no dejamos de producirlos a estos agentes del neomarxismo. Sin que ellos lo pidan o lo quieran. Las universidades están tomadas, y la infiltración viene ya de lejos. En la educación media, en la mayor parte de los países occidentales y sobre todo en un país como el nuestro, se ha permitido que muriera la transmisión de conocimientos para sustituirla, simple y llanamente, por el adoctrinamiento; las ciencias sociales son, del mismo modo, ciencias de adoctrinamiento neomarxista en las universidades, con excepciones, pero no muchas. Se modela de tal manera a los jóvenes que pronto les es prácticamente imposible aprender cosas que pudieran desmentir o cuestionar la ideología comunista aprendida. Rechazan por reflejo cualquier tipo de conocimiento o información, datos y lecturas que cuestionen o entren en conflicto con su pequeño mundo establecido. El neomarxismo funciona, como funcionaba el bolchevismo, con los mecanismos de una programación de secta.

Para ello, entran en juego como herramientas fundamentales: el lenguaje y la enseñanza, y los medios de comunicación. La educación y los medios son los dos grandes arietes sobre los que avanza esa conquista de la total supremacía cultural por los nuevos comunistas. Se ridiculiza, caricaturiza, desprecia y persigue a todos aquellos que pongan en cuestión este proyecto ideológico igualitarista, que es también antirreligioso, antinacional, antiindividualista y antihumanista. Todo lo que genere una percepción de la trascendencia de la individualidad es enemigo de este proyecto de dominación neocomunista que, no hay que olvidarlo, se basa en que el hombre es indefinidamente maleable. El ser humano, según el comunismo clásico, es solo un producto de lo que se adoctrina en él; la ideología es la que ha de crear al ser humano, tal y como ocurre en los países comunistas más extremos. El ser humano no vale nada para Pol Pot, pero tampoco para quienes extienden en Berkeley, Oxford, Berlín o en la Complutense esas ideologías llenas de humanitarismo y merengue compasivo. Para ellos, el ser humano es un producto de las circunstancias, es intercambiable y, en un último punto, es canjeable y prescindible.

En su estudio del marxismo cultural, Hermann Tertsch añade un elemento importante de análisis que no se suele tener en cuenta. "Hay que recordar que en otros momentos del pasado siglo XX, ya se había hecho notar que la penetración cultural de los comunistas había llegado muy lejos. Hay una anécdota de la periodista y escritora rumana Monica Lovinescu, que le ocurre cuando en 1947 llega a París después de haber padecido todo tipo de dificultades bajo el poder de los estalinistas rumanos. Cuando llegó a la capital francesa se dio cuenta de que allí también, si uno decía la verdad de lo que estaba ocurriendo en su país bajo el régimen comunista, se le tachaban de fascista y se le cerraban todas las puertas. Tal como comentaba sorprendida: Primero te conviertes en un anticomunista, de anticomunista pasas a ser un fascista, y como fascista te conviertes en un ser despreciable que no merece ser escuchado y que tampoco merece hablar. Si eres anticomunista, culturalmente, mereces ser aniquilado. Esto ya ocurría en 1947 en Francia. Así controlaba ya la izquierda francesa el pensamiento a mediados del pasado siglo, eso en pleno estalinismo y cuando comenzaba la Guerra Fría. Pues pese a ello. Lo denunció Raymond Aron. Y lo padeció también Albert Camus. Nadie lo ha explicado mejor que Jean Francois Revel. Ellos denunciaron las persecución y los ataques constantes que sufrían quienes se atrevían a denunciar los dogmas sagrados de los marxistas en la cultura".

"Con el paso del tiempo", explica Hermann, "esto se ha extendido y transformado en lo que ahora conocemos como la 'corrección política' o lo 'políticamente correcto', que no es más que un rodillo censor de la socialdemocracia muy sofisticado, adaptado para la sociedad de la comunicación e implacable en su poder de intimidación y su fuerza de imposición de disciplina social. Es una imposición muy sutil y muy eficaz, con muchas menos aristas en sus prohibiciones, mucho más perfeccionada, en la que los sentimientos siempre se utilizan para romper los diques de contención que han formado las sociedades abiertas y los Estados de Derecho. Lo estamos viendo ahora perfectamente en España con el asalto bestial a los jueces que han dictado la sentencia sobre el caso de 'la Manada'. 'La Manada', con un militar y un guardia civil en su interior, es el enemigo perfecto que ataca a una 'niña indefensa' con cinco hombres que representan lo peor de los poderes del Estado: la represión, el machismo, etc. Se trata de movilizar a la gente a través de la bondad, porque cuando se lucha a favor de "la bondad" todo lo demás, las leyes, por ejemplo, no importa. Ada Colau, la alcaldesa de Barcelona de extrema-izquierda, lo ha dicho muy claramente: 'las leyes injustas, las ignoro'. Esta es la nueva forma de asaltar al Estado que han elegido los nuevos comunistas; ya no se trata de asaltar el Palacio de Invierno, se asaltan las instituciones después de haber creado, a través de la educación y de los medios de comunicación, una sociedad dócil, volcada en el sentimentalismo, sin pensamiento crítico, sin pensamiento libre y sin pensamiento individual, y siempre preocupada por militar al lado de los buenos y nunca formar parte de los "perversos"... Descarrilamos hace tiempo contra la razón y ahora, a través del neomarxismo, se están minando todas las defensas de la sociedad: los códigos de honor, la tradición, el reconocimiento de una historia exitosa... Se trata de un movimiento inmenso, de una maquinaria cultural abrumadora e implacable, a la que es muy difícil hacer frente, porque también es muy mal enemigo".

¿Cómo frenar todo esto?

Llevan ganando terreno desde hace 150 años, pero no tienen la victoria. La resistencia del hombre con fe o no, pero con convicciones, con memoria, con dignidad y con voluntad de ser libre, es demasiado fuerte y retrasa los objetivos del proyecto como retrasaba los avances de los bolcheviques la resistencia de los rusos creyentes, tradicionales y patriotas, de los demonizados rusos blancos. Hay gente que se da cuenta de lo que está pasando y tiene coraje para poner pie en pared. Y sobre todo, hay sociedades, hay países que están reaccionando, donde se pone freno al avance de estos desmanes, donde cuajan los mensajes a favor del individuo y de la familia, donde todavía se aprecia el valor de la religión cristiana como la fuente de nuestra cultura judeocristiana en la que el individuo es sagrado, que es la pieza básica para la comprensión de toda la civilización que nos lleva a la libertad y la democracia.

En este sentido, hay focos de resistencia muy considerables frente al vendaval de los nuevos comunistas. Tenemos que tener en cuenta que ha entrado en profunda crisis lo que tradicionalmente se llama socialdemocracia, que es el socialismo que acepta o dice aceptar la sociedad de mercado y la propiedad, que son la base de la libertad. Cuando hablamos ahora de socialdemocracia no hablamos solamente de los partidos socialistas que agonizan casi todos, hablamos de un sistema en el que todos los partidos participantes son los propietarios del Estado, se votan listas y no hay representación real del votante. Tan socialdemócrata es Angela Merkel como Mariano Rajoy. La socialdemocracia, el Sistema, se ha extendido hasta ocuparlo todo y, por ello, cuando surgen reacciones, generalmente a la derecha, se ponen muy nerviosos y reaccionan con enorme virulencia.

Por tanto, a pesar de su superioridad aplastante, no han logrado la dominación total. En este momento, por ejemplo, el Sistema, en Alemania, es más débil que hace cinco años. Y están países como Hungría, Polonia, Austria o la República Checa. Son países, en general, que han padecido el igualitarismo durante mucho tiempo y por eso tienen elementos de reacción que nosotros no tenemos. Los partidos se reparten el Estado y han conseguido un grado de control sobre la sociedad muy grande, pero no sin fisuras. De hecho, en España se intentó el cierre total del Sistema con José Luis Rodríguez Zapatero, cuando éste, a principios de este siglo, trabajó una alianza con la banda terrorista ETA y el tripartito catalán. Cerrar el Sistema consistía en liquidar la idea de España consiguiendo que los separatismos en alianza con la izquierda política crearan un nuevo régimen sobre la base del antifranquismo. Se trata de un régimen cerrado al que, por supuesto, muy rápida y deseosamente se incorporó Mariano Rajoy, tal y como estamos viendo perfectamente estos días. Ahora con Pedro Sánchez en la Moncloa tras la moción de censura, lo que ha permitido Rajoy para combatir desde la oposición a su rival que es Ciudadanos, damos otro paso en ese sentido, aunque nada indica que les vaya a salir bien ni a Sánchez ni a Rajoy. Ellos pueden repartirse el Estado haciendo teatro indefinidamente. Lo que no pueden tolerar es una reacción de la nación. Porque eso sí puede acabar con su sistema.

Sorprendentemente, ¿puede ser Rusia un refugio para la gran tradición occidental, tal y como se deja entrever desde algunos análisis?

La derecha europea no debe cometer ese gravísimo error. No puede equivocarse y considerar a Rusia como un refugio de los valores tradicionales. Me refiero a la derecha porque ella tiene que dar la batalla y vencer al rodillo totalitario socialdemócrata. Esa derecha política, en mi opinión, se estaría confundiendo radicalmente si cree que puede inspirarse en alguien como Vladimir Putin o la Rusia actual. Una cosa es que Putin tenga razón cuando combate una serie de fenómenos que solamente han traído desgracias a la sociedad occidental. Son por eso comprensibles las simpatías cuando combate muchas de las plagas que del sesentayochismo trajo, desde el antimilitarismo o la guerra a la tradición al homosexualismo ideológico y el feminismo familiafóbico. Otra cosa muy diferente es olvidarse de que Putin es un autócrata, un dictador clásico que gobierna con mano de hierro un país del tercer mundo cargado de armas nucleares en el que no hay libertades ni derechos individuales.

En las últimas dédécadas, en los últimos años de la URSS y desde el surgimiento de Rusia, este país solo ha avanzado en crear millonarios, en crear riqueza para el aparato del Estado y en bañar de millones a esos grupos mafiosos que son los socios de Vladimir Putin. No se ha creado una industria, no se ha hecho avanzar el país, no se ha asfaltado una calle... es un país que vive de exportar materias primas para, con los ingresos obtenidos, alimentar a su población. Es, exactamente, el mismo mecanismo económico que caracteriza a Burkina Fasso, pero... con armas nucleares. En este sentido, que Rusia defienda valores como la familia, el orden, la cohesión social o el patriotismo no tiene demasiada relevancia, ya que se trata de una sociedad fallida, desesperanzada y empobrecida en la que la esperanza de vida se ha desplomado, sobre todo, entre los varones.

Ser conservador, ¿es lo más revolucionario que se puede ser hoy en día?

Supongo que sí. Recomiendo en ese sentido desde luego leer a Roger Scruton y ver sus conferencias en Youtube, que es el que mejor explica las reflexiones que nos hacemos quienes queremos conservar al ser humano libre como queremos conservar una naturaleza vivible. Absurdo sería conservar la naturaleza para que la disfrute alguien que ha dejado de ser un humano en libertad y con su individualidad intacta. Para ello es bueno creer tanto en las imperfecciones del hombre como en el carácter sagrado y único de los individuos. En la libertad solamente puedes creer si crees en el individuo como bien supremo, reflejo de Dios, tanto para el creyente como para el que no lo sea. Entonces no estás dispuesto que aplasten la individualidad y la iniciativa, es decir, la libertad, en aras de una igualdad que siempre mutila, censura y castra.

Ciertamente, defender este tipo de principios, y los valores de ellos emanados, no se hace gratis. Hay que enfrentarse a un ambiente hostil, ante un enemigo muy fuerte y sin escrúpulos que no duda en acallar cualquier tipo de discrepancia. Sea como sea. En unos sitios, mata. En otros no necesita matar. O no le vale la pena. Por eso hoy no nos meten a todos en un sótano para pegarnos un tiro en la nuca, como se hacía en las checas comunistas de antaño, pero hoy, en las sociedades desarrolladas el sistema tiene otras formas de hacerte callar y neutralizar influencias que considera perversas y enemigas de la igualdad. La igualdad, esa amenaza para el hombre libre que han erigido en religión. Te marginan, desacreditan, te buscan la muerte civil y, en este sentido, podemos terminar como empezamos: recordando a esos exiliados rumanos que en 1947 llegaron a París huyendo de la represión sangrienta e implacable de los estalinistas. Y se encuentran con que, en Francia, si decías ciertas verdades, no te asesinaban como en Rumanía pero te condenaban a la muerte civil. De forma implacable. Como ahora.

Entrevista realizada a lo largo del mes de mayo de 2018

Juan Antonio de Castro
David contra la dictadura globalista
Un entrevista de Raúl González Zorrilla

El 5 de abril de 2018, Juan Antonio de Castro, autor junto con Aurora Ferrer del libro *Soros. Rompiendo España* hacía llegar a la UDEF (Brigada de Delincuencia Económico y Fiscal) y al juez Pablo Llarena el resultado de una larga investigación que evidenciaba las conexiones del multimillonario, especulador y mecenas de la izquierda mundial George Soros con el proceso golpista catalán. Dos meses después, la Policía Nacional registraba varias de las empresas apuntadas en su ensayo por Juan Antonio de Castro y Aurora Ferrer.

En este trabajo, editado por la editorial *Homo Legens*, los autores destapan el complicado entramado político y empresarial que, financiado por Soros, ha dado cobertura a la fractura independentista y revelan cómo el multimillonario de origen húngaro ha puesto a disposición de los intereses secesionistas su compleja red de oenegés y "think-tanks", un entramado intrincado y global gestionado por su Open Society Foundation, con su sede para Europa ubicada precisamente en Barcelona.

Juan Antonio de Castro de Arespacochaga es doctor en Ciencias Económicas y profesor de Economía Internacional y del Desarrollo en la Universidad Complutense de Madrid y es, sobre todo, uno de los mayores especialistas del mundo en la figura de George Soros. Durante más de dos décadas ha sido funcionario permanente de las Naciones Unidas en la Conferencia de Naciones Unidas para el Comercio y el Desarrollo (UNCTAD) en Ginebra y ha desarrollado asimismo parte de su carrera en el ámbito internacional como consultor en instituciones como el Banco Interamericano de Desarrollo (BID), la Comisión Económica para América Latina y el Caribe (CEPALC), el Sistema Económico Latinoamericano (SELA) o el Programa de Naciones Unidas para el Medio Ambiente (PNUE). Hoy es presidente de la empresa de consultoría en inteligencia económica y de desarrollo Metaeconomics.

En la siguiente entrevista, publicada en exclusiva por *La Tribuna del País Vasco,* Juan Antonio de Castro analiza en profundidad la figura de George Soros, el rostro más conocido, y desconocido a la vez, del nuevo orden que trata de imponer el globalismo socialdemócrata mundial.

¿Qué le llevó a investigar la figura de George Soros y sus implicaciones en la politica española?

George Soros no es un desconocido. Yo creo que para nadie. Desde mi experiencia como economista en Naciones Unidas y ahora profesor universitario y consultor internacional, me ha tocado toparme en muchas ocasiones con los efectos perversos de la injerencia de este personaje y su entramado en los asuntos internos de muchos países. Lo que ocurre es que cuando toca a tu país, a su soberanía o a tus compatriotas, sientes algo muy diferente. La verdad es que a medida que las evidencias mostraban su responsabilidad en el intento golpista en Cataluña, no pude parar, y así hasta que terminé el libro. Hoy creo que no podré parar hasta que vea decaer su influencia nefasta en la sociedad global.

En su opinión, ¿cuáles son los objetivos políticos, económicos, etc. que trata de conseguir George Soros, a través de sus organizaciones y fundaciones, subvencionando a gran parte de los partidos políticos y de las organizaciones de la izquierda y de la extrema izquierda occidental?

George Soros no actúa solo, actúa de la mano de sus socios, los Estados Unidos (particularmente con la administración Obama) y el Reino Unido, y para defender la larga ristra de intereses geopolíticos, económicos y financieros de éstos y de sus grandes grupos financieros globales, además de los puramente especulativos suyos. Se trata de un trío que viene interviniendo conjuntamente desde hace décadas. Lo ha hecho en las 'Revoluciones de Color' (Georgia, Kyrzigistán, Ucrania, etc.), la 'Primavera Árabe', y lo está haciendo actualmente en la UE. Ese "Nuevo Orden Mundial" que pregona no es más que la mejor estrategia para defender esos intereses en un mundo de naciones fragmentadas pero controladas por un poder, cada vez más centralizado, y que les facilite la labor.

Sus objetivos difieren según el continente del que se trate. En la UE desarrolla una actividad frenética, con el único objetivo de debilitarla y así permitir al "trío" un mejor control sobre ésta y la preeminencia del poder tecnológico norteamericano. En muchos países africanos aplica su metodología de desestabilización de gobiernos para sustituirlos por otros más proclives a los intereses de sus empresas, la mayor parte de las veces de explotación de materias primas. En los Estados Unidos, actualmente, para derrocar a la Administración Trump. Para lograr esos objetivos, Soros y su entramado inyectan anualmente ingentes cantidades de fondos en 'Think-Tanks' (centros de pensamiento), organizaciones, fundaciones, ONGs de todo tipo, y particularmente en la formación de activistas capaces de perturbar órdenes establecidos. Apoya asimismo a partidos políticos y a eurodiputados. Desarrolla su influencia en instituciones europeas (Comisión Europea, Parlamento Europeo, Consejo de Europa, OSCE, etc.) y globales, incluidas la ONU, la OTAN y otras instituciones atlantistas. Pero además financia y se apoya en grandes proyectos de inteligencia (Reino Unido/Estados Unidos) que han empezado a convertirse en una clara injerencia en los asuntos internos y la soberanía nacional de muchos países. Sí, se trata de actores básicamente de izquierda o extrema izquierda. Eso refleja la preferencia de Soros por corrientes que van absorbiendo plenamente sus programas y pueden dotar de una supuesta "superioridad moral" a la sociedad que las adopta, una ventaja capaz de garantizar la victoria de su estrategia.

¿Por qué este tipo de especuladores y "turbocapitalistas" (en palabras del filósofo italiano Diego Fusaro) siempre apoyan a organizaciones de izquierdas y no, por ejemplo, a partidos de la derecha más conservadora, como en principio sería más lógico?

Como todos entendemos, el "turbocapitalismo" no actúa jamás por ideología, sino por interés financiero, y punto. Para explicar su "alianza" con la izquierda debemos comenzar por asumir que los conceptos de izquierda y derecha ya no significan nada. Por tanto, el turbocapitalismo se alía simplemente con aquellos que no solo se abrazan a él, sino a los que ellos consideran capaces de hacer sentir a la sociedad que pertenecer a esa ideología da una "supremacía moral" sobre el resto, asegurándose así una estabilidad para sus negocios. Para ello, Soros ha desarrollado, a golpe de talonario, una auténtica "ingeniería moral" sobre la izquierda y ultraizquierda global. Su séptimo pasajero, su "alien" particular, ha sabido inocularse en sus cuerpos y ha sustituido rápidamente los principios que sustentaban sus tesis de justicia social, la mayoría de origen cristiano, por el nuevo "moral package" de Soros. Un "set" que funciona ya a modo de "catecismo", una auténtica religión. Pero quizá lo más efectivo de esa ingeniería moral es que provoca una polarización artificial y forzada de la sociedad, entre partidarios y detractores de ese "set". De un lado los "buenos", defensores del "set Soros" y del otro los "malos", destinados a ser, lo quieran o no, sus opuestos, y destinados, irremisiblemente, a ser considerados, de por vida, como totalitarios, anti-demócratas y fascistoides.

Creo que todo el mundo conoce ya los componentes del "set". Pueden citarse, entre otros: migración masiva sin fronteras, matrimonios del mismo sexo, pro-abortismo extremo contrario a la defensa de la vida, aceleración de la agenda LGBTI con la sexualidad como "construcción social", integración de Ucrania en la UE, enfrentamiento con los Estados Unidos, pero sólo con el de Donald Trump, desestabilización y fragmentación de España, a través del apoyo mayoritario del grupo al independentismo golpista catalán, condena irremisible a Hungría por no aceptar el "set", guerra feroz mediática y política contra Rusia, lucha contra una supuesta islamofobia de los europeos, protegiendo al Islam, a veces por encima de creencias mayoritarias en nuestras sociedades, ruptura radical con el cristianismo y los valores en los que se fundamenta, etc. Todos estos componentes del "set" tienen el objetivo de proyectar una sensación radical de injusticia hacia supuestos oprimidos, culpabilizar a los gobiernos que no adopten el "set" e incluso llegar a movilizar al activismo más extremo para sustituir a esos gobiernos por otros más proclives a adoptarlo.

En cuanto a la derecha conservadora, parece haber perdido el tren de los magnates globalistas. Para los turbocapitalistas la otra vía da más garantías. Se observa, en todo caso, que en la construcción actual del nuevo Parlamento europeo vemos enfrentados a los partidos "sorosianos" (socialistas y demócratas, liberales e izquierda/Podemos), con aquellos a los que apoya Steve Bannon y la administración Trump, es decir, nuevas derechas de todo tipo. Derechas, por cierto, que no son anti-democráticas ni fascistas, como las estigmatiza Soros y su "set", sino que, en mi opinión, expresan el hartazgo de una UE incapaz de alcanzar su unión política y empeñada, sin embargo, en diluir las soberanías nacionales, dejando así a la deriva el futuro y las aspiraciones de la sociedad europea en su conjunto.

Usted afirma que George Soros, a través de sus fundaciones y asociaciones, trata de destruir la unidad administrativa y política de España. Pero un objetivo de semejante calado debe formar parte de una estrategia de mayor ámbito y debe contar con más protagonistas. ¿Cuál sería esta gran estrategia que se atisbaría detrás del comportamiento de George Soros?; ¿Con qué apoyos cuenta George Soros detrás de él o junto a él?

Ha quedado claro que el intento golpista en Cataluña no hubiera sido posible sin la colaboración plena de Soros y su entramado, acompañados de gobiernos e instituciones con importantes objetivos geopolíticos frente a Europa. Apoyar la fragmentación de España es parte del objetivo final, de mayor calado, que es fragilizar Europa y mantenerla siempre bajo control. Entre sus objetivos está el acabar transformando la UE en una Europa de regiones federadas bajo control estricto de Bruselas y donde las soberanías de los Estados actuales se vayan disolviendo lentamente. Romper España es parte integrante de esa estrategia geopolítica de "control-fragilización" de la UE. A este respecto se observa asimismo, en el seno de la OTAN y desde instituciones ligadas a ésta última, el protagonismo reforzado del binomio Reino Unido - Estados Unidos, sobre el del resto de sus aliados. Las consecuencias de ese reforzamiento pueden ser graves, a medio plazo, en términos de cohesión atlántica.

¿Qué organizaciones o empresas de George Soros están interviendo en España, trabajando activamente para el desmembramiento del país?

Son muchas. En nuestro libro se describen los principales actores que han jugado un papel clave en el desafío golpista en Cataluña, desafiando la ilegalidad del referéndum y apoyando a la Generalitat y a las instituciones independentistas que hicieron posible dicho proceso. Un proceso que persigue claramente el desmembramiento del país. Se trata de actores apoyados por, que están participados financieramente, o que han colaborado intensamente con Soros y su entramado. En el libro se citan, entre otros: Osife, Diplocat, Cidob, Open Democracy, *Nova Innovacion Social, CCCB, New American Foundation, Atlantic Council, Independent Diplomat (ID), SGR LLC Government relations Lobying, DXC Technology, Parlem, Norwegian Helsinki Committee, The Hague Center fo Strategic Studies,* así como el conglomerado mediático de Jaume Roures. Pero también de gobiernos sobre los que Soros tiene gran influencia y le han acompañado en el apoyo a la Generalitat. Es relevante subrayar el caso de *Independent Diplomat (ID),* financiado por Soros con más de $2,8 Millones (2012-2016), así como por la *NED* del congreso norteamericano y los gobiernos del Reino Unido y Noruega, además de la *Carnegie Corp.* En *ID* habría invertido la Generalitat, en tiempos de Artur Mas, más de $1,6 Millones, con el fin de promover internacionalmente y justificar la independencia de Cataluña, denigrando la imagen de España. Conviene recordar que un reciente artículo señalaba que la Generalitat habría invertido, a lo largo de los últimos años, más de 400 millones de dólares en promover, a través principalmente de *Diplocat*, el proceso de independencia.

Desde todo tipo de foros "conspiranoicos", se acusa a las organizaciones de George Soros de promover el reemplazo de la población original europea a través de la potenciación de la inmigración ilegal de origen arabo-africano. En su opinión, ¿hay algo de cierto en este tipo de afirmaciones?

He querido siempre mantenerme lejos de todo planteamiento "conspiranoico", lo cual no quiere decir que muchos de dichos planteamientos en las redes no sean a veces acertados. El caso de la promoción de la inmigración hacia la UE, no tiene nada de conspiranóico, es una pura realidad. De la reciente visita de Soros al presidente Pedro Sanchez quedó claramente ilustrada la presión para que España adoptase plenamente la agenda prioritaria de inmigración, parte del "set" de Soros. Existe un apoyo desproporcionado a la inmigración masiva hacia Europa, y particularmente España, e incluso la ilegal. Así, la *European Stability Initiative (ESI)*, financiada por Soros y su entramado, viene promoviendo la aceleración de la inmigración hacia Alemania. No olvidemos que esta institución fue la responsable de los más furibundos ataques contra el senador español Pedro Agramunt, por enfrentarse al control de Soros y su entramado, cuando aquel estaba en la Presidencia del Consejo de Europa. Además, el *Migration Policy Institute* de Washington, también financiado por Soros, a través de su OSF, junto con fondos europeos, ha venido reforzando la integración de migrantes, fuera de cuota. Habría que preguntarse por qué ni España, ni la Comisión Europea, han reaccionado aún ante el hecho de que financiar actividades ilegales, con el dinero del contribuyente español/europeo, es algo ilegal.

¿Cree que individuos como George Soros son un peligro para la seguridad nacional de España o de otros países occidentales?

No es que lo crea, lo afirmo. Según papeles hackeados por el grupo Anonymous por Internet, en noviembre de 2018, Soros y su entramado, a través Political Capital, y junto con otras entidades tales como el *National Endowment for Democracy (NED)* financiado por el Congreso norteamericano, el Atlantic Council (institución ligada a la OTAN y financiada por el Departamento de Estado de los Estados Unidos), el *German Marshall Fund* o *The Economist*, apoyan al *Institute for Statecraft (IFS)* y a su *Integrity Initiative (II)*. Recordemos que el *IFS/II* están financiadas y controladas, a su vez, por el *Foreign and Commonwealth Office (FCO)* del Gobierno de su Majestad (Reino Unido), con la colaboración de individuos pertenecientes a los servicios secretos británicos. En el libro desgrano la perversa influencia que esta institución y dicha iniciativa ejercen, a través de la Integrity Initiative, particularmente sobre Europa. Algunas de sus actuaciones constituyen una verdadera injerencia en los asuntos internos de países como España, poniendo en peligro su seguridad nacional, así como la de otros países occidentales. En el caso de nuestro país es evidente que *IFS/II* ocultaron la responsabilidad de Soros y su entramado en el intento de golpe catalán, echándole la culpa a Rusia, algo que se ha demostrado es totalmente falso. Pero, sobre todo, en la denominada "Operación Moncloa", por la que la *IFS/II* y su "cluster español", dirigido por Nicolás de Pedro, del *CIDOB*, particularmente pro-independentista, lograron, con la complicidad de otros miembros españoles del Cluster y del propio *IFS/II*, abortar en un día el nombramiento del Coronel Pedro

Baños a la cabeza de la seguridad nacional, cuando ya estaba casi nombrado por el presidente Pedro Sánchez.

Algunos analistas afirman que a través de la corrección política, la ideología de género, el marxismo cultural y la potenciación del Islam político, se está imponiendo en Occidente una especie de totalitarismo blando de corte socialdemócrata que liquidará los valores fundamentales sobre los que se asienta Occidente, derivados especialmente de su tradición judeocristiana y greco-latina... ¿Cree que existe esta amenaza?

Estoy absolutamente convencido de ello. La ingeniería moral es la que da alas a ese auténtico "totalitarismo blando de corte socialdemócrata" que se va imponiendo en todo. Me gusta esa descripción. Es como un tsunami que arrasa con todo por su paso. Hace poco, un amigo me comentaba, observando las revueltas recientes en Argelia, que esas flores y abrazos a los policías, esas recogidas de basura tras las manifestaciones, esa obsesión por el "set", no se habían visto nunca en ese país. Parecían recetas de manual importadas. Me recordó mucho a lo visto en Cataluña durante los peores días del referéndum ilegal, cuando los independentistas aplicaron el famoso manual subversivo de la no-violencia de Gene Sharp, diseñado y exportado desde el Albert Einstein Institute en los Estados Unidos. En efecto, ese totalitarismo blando y socialdemócrata se ha convertido en una auténtica herramienta geopolítica. Se trata de una corriente claramente totalitaria.

¿Qué mueve a todos los George Soros del mundo, y a los políticos, los intelectuales y los medios de comunicación que los protegen y los amparan?

No voy a decir nada original, pero es que esto es lo que hay desde que en 1968 el mono de *2001 Odisea del Espacio*, de Stanley Kubrik, se lio a huesazos con el cráneo de un tapir, para luego hacerlo con el de sus congéneres. El orden puede cambiar, pero el binomio responsable es siempre "dinero/poder", en el orden que prefiera cada uno. Un binomio de cuyo manejo depende la paz o la violencia, la libertad o la esclavitud, y en el caso que nos ocupa, el alineamiento al "pack de valores" de Soros o a la libertad.

No creo realmente que, a pesar de ser uno de los principales magnates del planeta, en el caso de Soros el afán de dinero sea la clave. Yo diría que es más bien el poder como herramienta centrada en alcanzar un "Nuevo Orden Mundial" y moral que consagre el globalismo, mientras deja en la cuneta un reguero de soberanías estatales moribundas. Soros no está solo. Se percibe en él el orgullo de sentir, junto a la América de Obama y el Reino Unido, un destino común globalista al calor del imperio asentado tras la segunda guerra mundial. Un destino que, por cierto, y a pesar de que él declare lo contrario, pretende dejar de lado a una Europa de futuro incierto, porque bien controlada por ese trinomio, para focalizarse en la competencia con China y la desconfianza enfermiza con Rusia. Sin embargo, si hablamos de las ONGs que usa en su entramado, a los políticos o a los periodistas y medios de comunicación que las protegen, amparan y difunden su ideología, aquí huele tremendamente, y siento decirlo, a dinero. No digo que todo sea corrupción y compra de voluntades, queda mucho por investigar, sino más bien, compra de instituciones, 'Think-Tanks',

ONGs de todo tipo. Hay mucho, asimismo, de poder financiero y dominio sobre grupos de comunicación, sus medios y el periodismo de investigación.

¿Cómo podemos defendernos colectivamente de este tipo de perversas influencias?

Si tuviera que escoger cual es la actuación más retorcida y maquiavélica de todas las que hemos observado de este personaje, aparte de meter sus sucias manos en Cataluña, colaborando en un intento de ruptura constitucional y de nuestra soberanía, sin duda diría que el haber desnaturalizado, a nivel global, o de la propia UE, el verdadero papel de las organizaciones no-gubernamentales (ONGs) y haber roto el cometido para el que fueron inicialmente creadas. Me atrevo a calificar a Soros, no ya de ingeniero social, sino de auténtico "abusador social", alguien que un día debería pagar por esos abusos. Se trata de una persona que decide, en función de sus propios objetivos, subvertir hasta el extremo, y a fuerza de dólares, los fundamentos y mecanismos primigenios del funcionamiento e independencia de dichas organizaciones, pero también la ética periodística y la honestidad profesional que debería caracterizar a los grupos de comunicación, a los medios y al periodismo en general. Así, de un plumazo, Soros rompe órdenes establecidos, logrando que emerja una desconfianza generalizada en lo que realmente representa la supuesta voz de la sociedad civil frente a los Estados. Rompe así los valores que, cínicamente, dice defender desde su famosa "sociedad abierta". Si esa es la sociedad abierta, por favor, ciérrenla. Se trata, en definitiva, de edificar una sociedad de esclavos intelectuales y morales, a través de su ingeniería social. Sin embargo, esa sociedad empieza a estar claramente harta de que la manipulen.

Soros rompe Estados y sociedades desde la oscuridad que proyecta la complejidad de su método. Él mismo declaró una vez: "*no me preocupa el impacto social que tienen mis actuaciones*". Pienso que defendernos de esas perversas influencias solo puede lograrse sacando a la luz y aportando total transparencia a su praxis amoral, así como desenmascarando a aquellos actores de los poderes ejecutivo, legislativo y judicial que interpretan el "set" al ritmo de su batuta, mostrando las consecuencias de sus actos. Por cierto, que el propio Soros afirmó asimismo que "*en un momento dado, cometo actos amorales, aunque el resto del tiempo intento ser moral*". Entonces, ¿a que esperamos? El que se sabe culpable siempre pierde sus agallas. Somos más y mejores, y sobre todo no vamos a permitir que nadie guie nuestra conciencia, dicte nuestras vidas o programe nuestra

Entrevista reali

*Este libro se terminó de editar en San Sebastián (España)
el día 10 de marzo de 2021*

Otros ensayos editados por
La Tribuna del País Vasco Ediciones

❖

El último occidental
David Engels

❖

Vox. Entre el liberalismo conservador y la derecha identitaria
Pedro Carlos González Cuevas

❖

Vascos y Navarros
Arnaut Imatz

❖

Ruta Norte
Pascual Tamburri

❖

Perfiles Identitarios
Sergio Fernández Riquelme

La Constelación Masónica
Fernando José Vaquero Oroquieta